摊铺机熨平装置振动特性 及其工程应用

VIBRATION CHARACTERISTICS AND ENGINEERING
APPLICATION OF PAVER SCREED

贾洁 著

西安电子科技大学出版社

内 容 简 介

本书结合工程实际问题并依托科研计划项目,对摊铺机熨平装置开展了振动特性及其工程应用的系统研究。全书分为 5 章,分别为绪论、摊铺机熨平装置振动特性分析、摊铺机熨平装置振动作业影响因素、摊铺机熨平装置振动作业均匀性和摊铺机熨平装置振动特性应用研究。

本书可作为工程机械振动领域的科研技术人员和相关专业研究生的参考用书。

图书在版编目(CIP)数据

摊铺机熨平装置振动特性及其工程应用/贾洁著. —西安:西安电子科技大学出版社,2022.4
ISBN 978 - 7 - 5606 - 6272 - 5

I. ①摊… II. ①贾… III. ①沥青摊铺机—振动分析—研究 IV. ①U415.52

中国版本图书馆 CIP 数据核字(2021)第 266164 号

策　　划　秦志峰
责任编辑　郑一锋　秦志峰
出版发行　西安电子科技大学出版社(西安市太白南路 2 号)
电　　话　(029)88202421　88201467　　邮　　编　710071
网　　址　www. xduph. com　　　　　电子邮箱　xdupfxb001@163.com
经　　销　新华书店
印刷单位　西安日报社印务中心
版　　次　2022 年 4 月第 1 版　2022 年 4 月第 1 次印刷
开　　本　787 毫米×960 毫米　1/16　印张 9.5
字　　数　171 千字
定　　价　40.00 元
ISBN 978 - 7 - 5606 - 6272 - 5/U

XDUP 6574001 - 1

＊＊＊如有印装问题可调换＊＊＊

前　　言

热拌沥青混合料广泛应用于高速公路和城市道路建设中。采用传统铺筑方法进行沥青混合料的摊铺作业时，摊铺机工作参数之间的匹配难以实现沥青混合料的高密实成型。因此，为了使混合料密实度达到成型路面的规范要求，过去通常采用初压、复压和终压工序，但这样增大了路面局部过压或欠压的可能性，影响路面成型质量和耐久性，降低了施工效率，增加了道路建设成本。

本书以摊铺机熨平装置为对象，进行了机械振动特性、动力学特性分析与应用的系统研究，建立了摊铺机熨平装置机构动力学模型，分析了摊铺机振捣机构和振动机构对作业质量的影响因素，研究了摊铺机熨平装置作业的横向和纵向分布均匀性，设计了新型复合式熨平装置并进行了试验验证。本书就是在上述研究成果的基础上编写而成的。书中重点介绍了摊铺机熨平装置的动力学模型、振捣与振动耦合、作业均匀性以及相关研究结果的工程应用。

本书的相关研究工作得到了陕西省自然科学基础研究计划资助项目(2022JQ-572)、中国博士后科学基金面上项目(2019M663603)和长安大学中央高校基本科研业务费专项资金资助项目(300102250305)的资助和支持，在此表示感谢。

还要感谢长安大学道路施工技术与装备教育部重点实验室刘洪海教授、杨士敏教授和中交西安筑路机械有限公司李民孝工程师、白海霞工程师、张凯工程师的指导和帮助，同时对参考文献的作者和西安电子科技大学出版社负责本书相关出版工作的同志也表示感谢。

限于作者水平，书中的研究方法和试验技术难免存在不足，敬请广大读者指正。

贾　洁

2022 年 2 月

目　　录

第1章　绪论 ·· 1

1.1　本书的选题背景 ··· 1

1.2　国内外研究现状 ··· 4

　1.2.1　摊铺机发展现状 ·· 4

　1.2.2　熨平装置振动性能研究现状 ··· 6

　1.2.3　熨平装置作业质量研究现状 ··· 8

1.3　本书主要内容 ··· 12

第2章　摊铺机熨平装置振动特性分析 ····································· 14

2.1　熨平装置机构组成 ·· 14

　2.1.1　机构结构组成 ··· 14

　2.1.2　机构工作原理 ··· 15

2.2　熨平装置振动特性 ·· 17

　2.2.1　作业材料强度特性 ··· 17

　2.2.2　流变模型分析 ··· 17

2.3　熨平装置动力学模型 ·· 19

　2.3.1　机械振动理论 ··· 19

　2.3.2　振动作业过程 ··· 20

　2.3.3　机构动力学模型 ··· 21

2.4　熨平装置动力学特性 ·· 27

　2.4.1　振捣机构动力学特性 ·· 27

　2.4.2　振动机构动力学特性 ·· 31

　2.4.3　动力学仿真分析 ··· 37

2.5　本章小结 ·· 39

第3章　摊铺机熨平装置振动作业影响因素 ····························· 40

3.1　振捣机构影响分析 ·· 40

　3.1.1　振捣机构影响因素 ·· 40

　3.1.2　振捣机构作业特性 ·· 43

3.2　振动机构影响分析 ·· 46

　3.2.1　振动机构影响因素 ·· 46

　　　3.2.2　振动机构作业特性 ·························· 49
　　3.3　振动因素试验分析 ····························· 53
　　3.4　振捣因素试验分析 ····························· 60
　　3.5　振动作业模拟试验 ····························· 61
　　　3.5.1　试验系统设计 ···························· 61
　　　3.5.2　加载模式设置 ···························· 62
　　　3.5.3　试验结果分析 ···························· 63
　　3.6　本章小结 ································· 65
第4章　摊铺机熨平装置振动作业均匀性 ················· 67
　　4.1　纵向均匀性研究 ····························· 67
　　　4.1.1　熨平装置运动学分析 ························ 67
　　　4.1.2　纵向振动幅值响应分析 ······················ 69
　　4.2　横向均匀性研究 ····························· 72
　　　4.2.1　横向振动不均匀性分析 ······················ 72
　　　4.2.2　横向振动幅值响应分析 ······················ 73
　　4.3　横向与纵向均匀性试验研究 ······················ 76
　　　4.3.1　试验材料与内容 ·························· 76
　　　4.3.2　均匀性分布对比分析 ························ 77
　　　4.3.3　均匀性试验结果分析 ························ 81
　　4.4　振动作业均匀性影响因素 ······················· 84
　　　4.4.1　横向振动分布特征 ························· 84
　　　4.4.2　均匀性影响因素分析 ························ 86
　　　4.4.3　均匀性试验结果分析 ························ 89
　　4.5　本章小结 ································· 89
第5章　摊铺机熨平装置振动特性应用研究 ················ 91
　　5.1　振动机构参数正交分析 ························· 91
　　　5.1.1　正交试验设计 ···························· 91
　　　5.1.2　正交表设计 ····························· 92
　　　5.1.3　试验结果分析 ···························· 93
　　　5.1.4　单因素试验分析 ·························· 96
　　5.2　试验样机改进设计 ····························· 99
　　　5.2.1　熨平装置结构组成 ························· 99
　　　5.2.2　熨平装置参数要求 ························ 101
　　5.3　摊铺机作业试验研究 ··························· 102

　　5.3.1　试验内容 ·· 102

　　5.3.2　试验测试系统的构建 ······················· 104

　　5.3.3　频率响应影响分析 ·························· 109

　　5.3.4　作业参数影响分析 ·························· 111

　5.4　摊铺机熨平装置振动作业优势 ··················· 119

　　5.4.1　施工作业设备配套组织 ····················· 119

　　5.4.2　作业振动参数调节 ·························· 121

　　5.4.3　作业效果与质量分析 ······················· 124

　　5.4.4　经济效益分析 ······························· 129

　5.5　本章小结 ·· 129

参考文献 ·· 131

第 1 章　绪　　论

1.1　本书的选题背景

道路是国家经济和社会发展的重要基础设施，社会经济水平和交通运输需求决定了道路交通的发展进程，而道路交通也制约着社会经济和交通运输的发展水平。沥青混合料路面具备构造深度大、行车噪声低、抗滑性能好、施工与养护便捷等优点，并且可分期改造和再生利用，因而在公路路面铺装中得到了广泛应用。近年来我国经济快速发展，路面交通量、载重量和社会需求量都在不断增加。1999 年到 2020 年全国高速公路通车里程变化如图 1.1 所示。

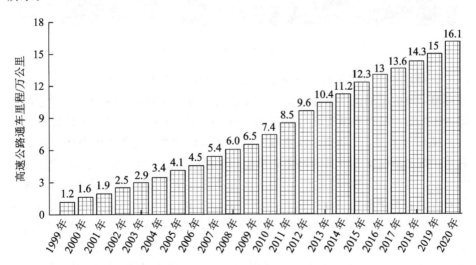

图 1.1　1999 年到 2020 年全国高速公路通车里程变化

2017 年底，我国公路通车总里程达到 477 万公里，是 1984 年的 5.18 倍，其中高速公路达到 13.6 万公里，公路密度达到 49.66 公里每百平方公里。2018 年底，我国公路通车总里程已达 484.65 万公里，高速公路总里程突破 14 万公里。2019 年底，我国高速公路通车里程达到 15 万公里，较 2018 年同期新增 0.7

万公里。截至 2020 年底，我国高速公路通车里程达到 16.10 万公里，稳居世界
第一。

　　沥青路面作为道路工程的一种结构形式，有一定的力学强度和弹塑性变形
能力，具备减振性能好、行车平稳舒适等特点，因此 90% 以上的高速公路和城
市道路的铺筑都采用了热拌沥青混合料。从公路建设历史来看，城镇化水平与
沥青路面需求增速息息相关。城镇化建设初期，沥青路面普及率和所占比例会
大幅增长，并且沥青路面铺装仍是未来的主流趋势。摊铺机械作为路面施工中
不可或缺的设备，广泛应用于高速公路、机场、港口及市政道路建设施工中。
现有的沥青路面施工过程分为搅拌、摊铺和碾压等环节，摊铺机对混合料铺层
进行摊铺后，再经压路机的初压、复压和终压等工艺，即可得到具有一定密实
度的混合料铺层。沥青路面传统施工工艺流程如图 1.2 所示。

图 1.2　沥青路面传统施工工艺流程

　　公路基础设施建设的迅猛发展为摊铺机等路面机械的发展提供了良好的市
场环境，摊铺机的压实性能和沥青路面能否高密实成型成为路面施工质量的关
键。热拌沥青混合料具有良好的路用性能，但生产和施工过程中的能耗与污染
大。国家"十三五"规划要求加快技术创新和结构调整，促进资源节约循环高效
利用。沥青路面施工应具有高效、节能、环保的特点，这对沥青路面建设规模
与速度、路面耐久性和使用寿命等方面都提出了更高的要求。目前，沥青摊铺
机对混合料的摊铺密实度一般在 85% 左右，远低于《公路沥青路面施工技术规
范》(JTG F40—2004)中对于路面质量的要求，因此摊铺作业后需要压路机多
次碾压，过大的碾压变形量严重影响了沥青路面的密实度和压实均匀性，延
长了沥青混合料高密实成型的施工时间，降低了施工效率，增加了施工成本，
同时增大了成型后的沥青路面的早期损坏概率。如何改进设备结构并优化施
工工艺参数，提高摊铺机的压实性能，得到具有高密实度的沥青路面，已成
为研究热点。

　　安装有振捣机构和振动机构的沥青摊铺机熨平装置是使沥青路面获得高摊
铺密实度的关键设备部件。《公路沥青路面施工技术规范》(JTG F40—2004)中

详细规定了摊铺材料的类型、摊铺厚度和摊铺温度等，但要在摊铺阶段提高摊铺密实度，还缺少摊铺设备对混合料的高密实成型技术的理论研究。此外，路面施工经常会受到作业环境、施工温度、作业时间、其他机械协同作业等条件的制约，需要一次性摊铺压实且不能重复，这也对沥青摊铺机的工作性能与沥青路面高密实成型技术的研究提出了更严格的要求。

我国高速公路发展迅速，虽开展了摊铺机械设备与沥青混合料的研究，但相关技术储备仍然偏少。国产摊铺机在工况适应性和施工效率方面取得了长足进步，但在产品品系、可靠性、高密实路面摊铺等方面仍与进口摊铺机存在较大差距。沥青混合料的应用也越来越广泛，除了新修道路，原有旧水泥路面也可通过"白改黑"被改造为更加舒适的沥青路面。然而，随着机动车数量的快速增长，在车辆超载等交通因素以及复杂的道路施工环境的影响下，沥青路面在早期便会出现车辙、坑槽、开裂、推移等损坏现象。沥青路面的早期损坏发生时间早、涉及地域广、损坏程度严重，需要过早投入资金进行路面修复，影响社会和交通运输，造成经济上的巨大损失。因此，对路面早期损坏的控制和预防，对于提高道路耐久性至关重要。

除了道路环境和路面承受载荷等因素外，影响沥青路面早期损坏的主要因素还包括路面结构、混合料设计和施工技术。半刚性基层沥青路面成套设计技术在路面结构设计中得到了广泛应用，柔性基层和永久性沥青路面结构研究也趋于成熟，此外还引进吸收了具有高力学性能和路用性能的连续级配、间断级配和开级配混合料技术。虽然采用了相同的路面结构与混合料设计，但国内外沥青路面在使用寿命和耐久性上仍存在巨大差距，这与施工设备性能和路面成型技术密不可分。

若摊铺机摊铺沥青混合料后路面的初始密实度达不到要求，则需要压路机进行碾压作业来提高密实度。沥青混合料对温度极为敏感，在摊铺作业过程中，温度失散快，允许施工时间短，若碾压不及时，铺层就难以达到规定密实度。为了保证碾压时间，就需要提高混合料温度，但温度又不宜过高，过高不仅会增加施工成本，而且会使混合料老化从而降低路面寿命。混合料温降以及压路机起停、换向等因素，增加了压路机对铺层不均匀作用的可能性。碾压遍数越多，温降越明显，路面存在局部过压或欠压实的概率就越大，最终影响道路摊铺密实度。施工单位为了保证路面压实均匀性，通常会采用低温碾压、不起振碾压或者过度碾压，严重影响了沥青路面的密实度。

本书以摊铺机压实装置与沥青混合料为研究对象，采用理论计算与试验分析相结合的方法，建立了摊铺机振捣机构与振动机构共同作用下的动力学模型，在此基础上研究不同密实度下混合料的振动压实理论，分析摊铺机对沥青混合料的压实特性，以及实现沥青路面高密实成型的关键参数的匹配方法。通过对摊铺机的压实特性和沥青路面高密实成型技术的研究，实现摊铺设备与路面材料性能的合理匹配，提高摊铺机压实装置对铺层混合料的摊铺密实度。对于薄层材料甚至可以实现一次摊铺即达到要求的密实度，减少后续碾压对路面的推移，提高路面密实度与压实均匀性，保证路面施工质量，提高路面耐久性和使用寿命，对提升摊铺作业性能、降低沥青路面施工与养护成本具有重要意义。

1.2 国内外研究现状

1.2.1 摊铺机发展现状

摊铺机将混合料按要求的宽度和厚度均匀地摊铺在路面基层上，并进行预压及整形，得到具有一定密实度和压实均匀性的铺层。沥青摊铺机结构组成如图 1.3 所示。

1—加热燃料罐；
2—摊铺机大臂油缸；
3—熨平装置；
4—螺旋布料器；
5—熨平装置牵引臂；
6—摊铺机行走机构；
7—调平装置油缸；
8—混合料料斗；
9—顶推棍

图 1.3 沥青摊铺机结构组成

用于实现高密实摊铺作业的摊铺机能加快施工进度，减少压路机碾压遍数，提高铺筑路面的质量。沥青摊铺机的工作原理如图 1.4 所示。

摊铺机由行走机构驱动整机前进，装运沥青混合料的自卸车将混合料卸入摊铺机料斗内，通过刮板输送带将混合料均匀连续地输送至路基上，螺旋布料器再将这些混合料送至熨平装置的前方并向摊铺机两侧位置输送。熨平装置的振捣机构将沥青混合料初步捣实，振动机构将捣实后的混合料进一步压实并熨平，从而形成具有一定密实度的路面铺层，最后通过压路机实现终压收光。

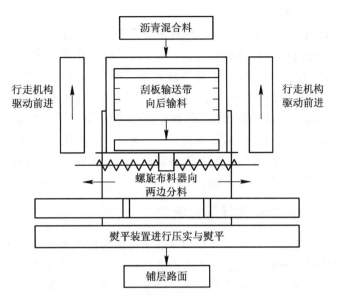

图 1.4 沥青摊铺机工作原理

沥青摊铺机的发展起始于 20 世纪 30 年代，在此之前一般依靠人工来完成对各种类型的沥青路面的铺筑。1933 年，美国 BARBER-GREEN 公司研制了沥青混合料摊铺专用设备，包括料斗、刮板输料器、螺旋布料器等构件，形成了沥青摊铺机的最原始机型。1976 年，我国第一台沥青摊铺机研制完成，它配置了机械熨平装置与振动机构，但仍缺少加热与自动找平装置，之后经过两次技术改进，分别增加了自动调平装置和液压伸缩式熨平装置，成为我国 20 世纪 80 年代沥青路面机械化摊铺的主要国产设备。

ABG 公司开发研制的摊铺机，在熨平装置上设置了双夯锤振捣机构与振动机构，与装配单夯锤的熨平装置相比，此摊铺机摊铺的铺层密实度提高了 5%～7%，提高了摊铺质量和生产效率。戴纳派克公司推出了能够同时摊铺两层沥青混合料的 F300CS 型双层摊铺机，该摊铺机能够节约沥青用量并增强两层之间的黏结力，预压实度可达 90%，但其设备费用高，管理与操作难度大，配套设备需求高。沃尔沃 P6820C-ABG 摊铺机装配了宽度调节灵活的液压浮动式熨平装置，并具有快速高效的加热功能，保证了摊铺密实度和平整度。VöGELE 摊铺机在强夯和熨平装置技术上有明显优势，具有压实梁结构的高密实熨平装置，压实梁由脉冲振动油缸驱动，可以实现混合料的高频、高强脉冲振动压实，提高了铺层预压密实度。卡特摊铺机配备了大重量熨平装置及其辅助装置，可确保熨平装置与混合料之间的相互作用效果，从而保证了摊铺密实度与密实度均匀性。

国产摊铺机虽然起步时间晚，但发展非常迅速，吸收了同时期国外摊铺机的先进技术，与国外产品的差距在进一步缩小。徐工集团研发了 RP600S 型同步洒布摊铺机，中交西筑研发了具备乳化沥青喷洒摊铺功能的 ZT600 型摊铺机。宽幅大厚度摊铺机和水稳摊铺机的技术与设备也在不断发展进步，并出现了加装有辅助装置的新型摊铺机，例如中大推出的超厚水稳边坡振捣装置。机电液一体化技术广泛应用于沥青摊铺机中，满足了现代化施工对设备性能的要求，大大促进了沥青摊铺机科技含量的提升。沥青摊铺机的发展，以实现高摊铺密实度与密实度均匀性为目的。

1.2.2　熨平装置振动性能研究现状

摊铺机熨平装置的设计初衷是为了满足摊铺路面的平整度要求，随后研发的摊铺机具有浮动式熨平装置，虽然能够自动找平，但是效果并不理想。液压控制技术的发展提升了自动找平效果，促进了浮动式熨平装置的普及应用，但安装有浮动熨平装置的摊铺机摊铺完成后的路面密实度低，需要压路机进行多次后续碾压，较大的碾压变形量严重影响了沥青路面的平整度和密实度。为了提高摊铺层密实度，熨平装置上开始出现频率可调的振捣机构和振动机构。振捣机构和振动机构对混合料分别起振捣压实和振动压实作用，其作用后的摊铺密实度可以达到 75%～85%，为满足规范要求的密实度，仍需要压路机多次碾压作业，从而造成了路面的密实度分布均匀性差。

国内对于摊铺机压实设备的研究，主要是对熨平装置振捣机构与振动机构运动学模型和动力学模型的建立、结构参数设计、作业参数影响分析以及自动调平控制方法的研究。

于槐三探讨了摊铺机振捣功率和密实度均匀性设计方案，根据试验确定了不同密实度设计指标相对应的振捣比功率，分析了摊铺机熨平装置设计方法，根据熨平装置工作状态确定了熨平装置与主机的连接方案以及相关结构参数等。田国富等建立了摊铺机伸缩式熨平装置的结构三维模型，进行了力学分析与结构改进，提高了熨平装置受力性能。王翠芳等对熨平装置的仰角和拱度、振捣机构的冲程与频率、摊铺速度、摊铺厚度与宽度等摊铺机结构与工作参数的选取方法进行了详细的阐述。冯忠绪等建立了熨平装置的有限元仿真模型，根据熨平装置中熨平装置底板与混合料的接触状态，确定了仿真分析的位移和载荷约束，提出了温度影响下熨平装置受热变形的补偿设计方案。通过仿真分析可以缩短产品开发周期并降低设计成本，但由于作用介质不同，将仿真结果应用到实际中时会存在一定误差，需要结合设备的作业过程进行全面分析。

　　道路施工质量与建设规范的不断提升，要求摊铺机的施工能够同时满足铺层的高密实度与分布均匀性。孙祖望等通过研究沥青路面平整度的传递规律，来改善和提高沥青路面摊铺密实度分布的均匀性。胡永华等分析了摊铺机熨平装置的刚性、振捣机构、整机动力配置、外负荷冲击特性等方面的参数的选择方法，为熨平装置的合理利用提供了依据。姚运仕等研究了熨平装置振捣机构的振捣冲程调节方法，进行了振捣梁结构运动学分析，确定了振捣机构惯性力与振捣梁各段相位角之间的对应关系及其合理取值范围。张超群等对沥青摊铺机压实装置进行了参数分析，为摊铺机压实装置的设计提供了参考。和晓军等分析了振动机构的结构参数灵敏度，通过神经网络方法建立优化函数，实现了振动机构结构参数的优化。王占军等建立了熨平装置振动梁的有限元模型，通过对固有频率和谐波进行分析，发现了振捣梁在作业频率下的振幅分布存在无法消除的不均匀现象，不均匀性与振捣梁长度以及作业频率呈正相关。

　　卢永军分析了振捣梁惯性力产生的附加振动对混合料压实结果的影响及其变化规律，将振捣偏心轴用液压冲击器替代，并通过动力学分析检验了改进后的结构对振捣梁惯性力的改善效果。张志友等研究了摊铺密实度和摊铺密实度均匀性等对最终路面质量的影响，明确了摊铺速度、振动与振捣参数及熨平装置横向振幅形态等因素与沥青摊铺机性能指标密切相关。张新荣进行了熨平装置与热沥青混合料之间相互作用的动力学研究，得到了沥青混合料与自动调平系统的联合工作特性。摊铺机的预压实特性较差时，其摊铺密实度在 75%～85%之间，远没有达到沥青路面施工规范对成型路面密实度的要求，仍需进行多次后续的碾压作业。而良好的摊铺机压实性能可为后续碾压提供便利的条件，防止过压和欠压情况的产生。

　　王飞对摊铺机整机作业过程进行了仿真分析，得到了摊铺机振动特性对密实度的影响规律，确定在保证路面密实度的前提下应采用低频振动。罗丹研究了不同振捣相位关系对熨平装置振动响应幅值的影响，确定了振捣梁相位角的推荐值。刘洪海等论述了摊铺设备性能对路面质量的影响，提出了一种控制摊铺机作业质量和作业效率的方法。马强研究了熨平工作装置及自动找平控制原理，设计了基于单片机的沥青路面摊铺机熨平装置频率监测系统。孙健建立了压实装置双振捣机构动力学模型，研究了双振捣机构的动力学特性，提高了熨平装置的稳定性和工作可靠性。

　　张新荣等通过摊铺机熨平装置动力学分析，指出摊铺过程中熨平装置与混合料存在部分接触。姚运仕等通过建立振捣机构的运动学方程，分析了相位关系对摊铺机振捣机构力学性能的影响。宫照民等研究了在压实梁和熨平装置作用下的振捣机构动力学。仿真技术的发展有助于快速构建摊铺机机电液一体化系统，从而对摊铺机熨平装置进行设计参数的仿真评估。黄志福等建立了振动轮振动加速度与路面密实度之间的关系以检测路面压实情况，指出了垂直振动加速度与路面材料刚度及密实度之间存在较好的正相关对应关系。

以往的研究多是利用数值模拟分析其力学性质，国内外在研究熨平装置时，需要更多地关注摊铺机熨平装置与材料的相互作用特性。应根据特定的作业对象调节压实设备的工作参数，可满足不同路面结构、混合料配比以及作业环境的要求，最大程度发挥设备作业性能。对摊铺机的压实性能的深入研究的缺乏，可能会造成摊铺机工作参数设置不当，从而使沥青路面摊铺密实度和路面施工质量难以满足要求。

1.2.3　熨平装置作业质量研究现状

密实度影响着沥青路面的使用性和耐久性，国内学者吴庆林以及国外学者 Airey G. D.、Kumar S. A. 和 Hainin M. R. 的研究结果表明，高温状态下，沥青混合料通过压实可达到规范要求的密实度，从而可以保证足够的路面性能，即路面性能与沥青路面的压实结果密切相关，而提高摊铺压实质量的途径是改进压实设备和被压材料。阿特拉斯·科普柯国际压实与摊铺技术中心（IHCC）研究表明，沥青路面的摊铺密实度对路面强度、耐磨性和耐久性等至关重要，同时良好的密实度分布均匀性可以降低路面建设维护费用。美国沥青协会曾指出，沥青混合料的密实度是影响路面性能的最重要的因素之一，小幅度提高混合料的密实度就能明显延长沥青路面的使用寿命。刘洪海教授团队多年的研究表明，摊铺作业中沥青混合料的高密实摊铺取决于摊铺机熨平装置对被压材料的压实特性以及高密实摊铺技术的合理应用。

最终成型路面的质量除了与压实设备有关，还与材料的施工工艺密切相关。沥青路面的早期损坏会导致其表面功能不断衰减，降低路面的使用质量和预期寿命，影响公路与城市道路的正常使用。改善摊铺作业工艺，加强路面摊铺过程监控，实现沥青混合料的均匀压实，能大幅提升摊铺作业质量。对施工设备参数进行合理调整，对于保证沥青路面施工质量，提高路面密实度和密实度分布均匀性，具有十分重要的意义。

随着公路交通运输的发展，国内外关于混合料的摊铺工艺方法有了更多的研究。美国加利福尼亚公路管理局完成了典型的 45 项公路施工机械化的工序，分析了施工效率与作业时间、作业量的关系，提出了香蕉曲线理论来指导施工生产进度。20 世纪末，美国设立了战略公路研究项目（SHRP）计划，该计划中提出的摊铺施工工艺在解决沥青混合料施工中的离析问题上取得了突破性的进展。同时美国联邦公路管理局（FHWA）对沥青路面的施工和早期破坏进行了研究，提出了道路施工质量与施工工艺密切相关，新的施工技术需要新型施工设备的支持。美国陆军工程部队（USACE）提出了在不同厚度下，各种典型级配混合料适宜的压实工艺，主要包括压实设备、压实方式及压实作用时间。对于不同级配的混合料及不同铺层厚度，摊铺工艺的选择对最终成型路面的质量与寿命至关重要。国外对沥青路面施工工艺的研究开始时间早、技术积累多，为世界公路路面的研究打下了基础。

空隙率是检验摊铺施工工艺的一个指标。邹均平等分析了不同施工工艺下现场取芯试件空隙率与压实厚度的关系，结果表明压实厚度增加，试件空隙率先减小之后再增大。Hainin M. R. 等分析了不同碾压模式和压实厚度与沥青混合料最大公称粒径的比值对空隙率的影响，为了获得最佳压实效果，需要根据压实厚度与最大公称粒径的比值确定合理的压实次数。Beainy F. 等指出，现场空隙率最小时的铺层厚度即为最佳压实厚度，不同的压实工艺，得到的合适压实厚度范围是不同的。

早期有关沥青路面质量与寿命的研究主要集中在沥青混合料的组成特性以及压路机的智能化上，忽略了对摊铺后的密实度及摊铺工艺的研究。沥青混合料的密实度变化过程可以分为密实度快速增长、密实度增长缓慢和密实度趋于平稳三个阶段。在密实度趋于平稳阶段，压实力的增长并不一定会使铺层密实度继续增加。应根据不同阶段沥青混合料的压实特性选择压实方式，在有效压实时间内完成压实作业。石鑫等指出，有效压实时间与沥青路面压实温度密切相关。Delgadillo R. 在试验并研究了温度对沥青路面密实度的影响后提出，控制相同的压实方式和次数，混合料在温度高于 80℃ 时才会产生高密实效果。Schmitt R. L. 等研究了混合料温度和压实力对密实度的影响，温度在 120℃ 时，增大压实力可以增加混合料的密实度。Faheem A. F. 比较了三个压实温度下不同摊铺工艺的影响，在最佳压实温度范围内进行摊铺施工时，使用相同的压实力可以保证混合料的高密实度，即在最佳压实温度范围内可以高效率地获得高密实度混合料铺层。综上所述，由于混合料空隙率受温度的影响，沥青路面压实质量与摊铺工艺中的温度控制密切相关，因此在进行摊铺工艺时，必须控制有效的压实温度，以保证路面质量。

叶永博士以沥青混合料在不同载荷和温度条件下的力学特性为基础，建立了沥青混合料蠕变阶段的黏弹塑性本构模型，描述了沥青混合料在压实过程中的变形特点，研究了模型参数与载荷及温度的关系，结合试验分析得到了其近似函数关系。沥青混合料在高温时具有很好的流动性，更易于压实。但是高温下高频振动压路机的钢轮会使材料产生大量推移。采用具有加热功能且接地面积大的振动熨平装置对热沥青混合料进行压实时，若能够使设备参数、施工参数和材料参数合理匹配，将大幅提高沥青混合料的摊铺密实度，因此选择合适的摊铺工作参数对提高摊铺密实度至关重要。

对于摊铺施工工艺中混合料的路用性能，羊明对比分析了三种不同类型的沥青混合料的静态和动态模量，随着加载频率的增大，动态模量快速增大，随后增长速率逐渐降低，最后趋于平缓。Hu W. 等的研究表明，混合料的模量与材料密实度有一定的关系，在不同的温度和频率下，混合料的动态模量随密度的增加而增加。低模量的沥青路面抗车辙能力差，高模量的沥青路面容易产生疲劳开裂和低温开裂。美国国家沥青技术中心（NCAT）在 2016 年的一份报告中称：在摊铺施工工艺中，混合料的空隙率减小 1%，沥青路面抗疲劳性能预计可提升 8%～44%，路面寿命可至少延长 10%。

沥青混合料高密实成型的前提是振捣机构与沥青混合料之间能够保证足够的作用次数，同时振动机构的工作频率需与被压材料的固有特性保持一致。黄育进的研究结果表明，高密实度双夯锤熨平装置较单夯锤熨平装置所获得的密实度高 5%～7%，当将夯锤的振捣频率设置为最大值时，铺层可以获得极佳的摊铺压实效果。当摊铺机工艺参数与施工设备和材料特性合理匹配时，聚合物改性混凝土仅通过摊铺机的一次摊铺，密实度就可以满足规范要求。Beainy F. 等在分析了压实设备与沥青混合料之间的相互作用关系之后提出，对于相同的频率和振幅，不同的铺层厚度，压实密度与振动频率的变化趋势一致，只是薄层更易压实。Commuri S. 也通过试验证明了该结论。

阚志涛分析了压实施工工艺参数对密实度的影响规律，确定了影响密实度的因素有压实设备、压实材料和压实工艺，而且在具体施工过程中若压实介质不同，压实工艺也应随之改变。刘洪海确定了以沥青摊铺为主导的设备配套技术与合理的工作参数，既保证了压实质量，又提高了施工效率。杨枫指出，压实成型是沥青路面施工的关键工序，采用优质混合料并进行精准拌和，通过压实设备性能参数的调整，可以提高沥青混合料的强度、稳定性及抗疲劳特性，增加路面的承载能力。

对沥青路面摊铺工艺的研究，是以解决均匀、稳定、高效的压实问题为目标的。对于高密实度摊铺机的施工工艺，特别是设备性能与施工技术结合方面的研究较少。当振捣机构和振动机构同时作业时，对于不同的摊铺材料和路面结构，摊铺工艺参数很难实现合理匹配，导致机械作业性能并没有充分发挥，摊铺效率与路面质量大打折扣，因而需要研究摊铺工艺与作业介质性能的相互作用特性，实现设备工艺参数之间的最优匹配。

沥青摊铺机对沥青路面的摊铺、压实与熨平作业是同步实现的，现有摊铺机对混合料的预压实技术主要包括单振动、单振捣、单振动组合、复合振捣等技术，其中中小型摊铺机主要采用前两种技术来实现路面的预压实。ABG 公司和福格勒公司则将复合振捣技术应用在大型和超大型摊铺机上，主要用于高等级沥青路面的铺筑。

高密实摊铺中的振动参数和施工作业参数可以调节，参数的合理调节对于提高摊铺层的初始密实度起着关键性的作用。刘刚等通过建立熨平装置和压实介质组成的动力学模型，验证了参数变化对压实系统动态特性的影响。罗文军等将振捣过程简化成简谐振动，得到了振捣机构参数的合理调节可以获得最佳摊铺效果的结论。许庆基于平面连杆机构理论分析了振捣压实过程，采用复数矢量法计算了振捣机构的运动参数，为振捣机构的设计提供了理论依据。孙健建立了振捣机构动力学模型，分析了振捣频率和振幅对振捣梁惯性力的影响，提出在满足路面密实度的条件下，应尽量采用低频振捣。田晋跃等指出，振捣压实作业可以明显提高铺层的密实度，并且可以通过仿真确定振捣参数的理想取值范围。

高密实摊铺以实现沥青路面的摊铺高密实度与压实均匀性为目的。罗丹等研究了摊铺机熨平装置的动力学以及熨平装置横向振幅的不均匀性，通过优化配置振动机构的偏心质量与偏心距，提高了熨平装置摊铺密实度及其均匀性。Liu H. H. 等研究了压实过程中沥青混合料的离析，建立了密实度与压实遍数之间的关系模型，确定了最佳压实遍数，保证了路面密实度。Patrick G. L. 也指出沥青路面质量与摊铺密实度密切相关。混合料铺层的多样性及颗粒大小和组成的差异性，决定了高密实摊铺成型技术的复杂性。Yao B. 等建立了沥青混合料的线性黏弹性流变数学模型，表征了动态模量和相位角的线性黏弹性特性，确定了空隙率和黏结剂含量对动态模量和相位角的影响规律。

混合料铺层在压实过程中密实度逐渐提高，不同密实度下的混合料的压实特性不同，为了进一步提高压实效率和压实效果，仍旧采用初始的振动参数是不合适的。Horan R. D. 等研究了高密实摊铺的质量控制过程，讨论了传统压实设备的主要缺点以及采用智能压实技术克服这些缺陷的方法。Xu D. 等为了寻求合适的力学模型来描述沥青混合料的复数模量，通过试验研究确定了用较少参数描述复杂模量的数学模型，表征了沥青混合料的线性黏弹性。Hwang J. H. 等和 Cunningham J. C. 等研究了夯实能量对混合料的振动影响，给出了波形、傅里叶谱、反应谱和距离衰减幅度等振动特性参数的变化规律。Li J. 等设计了新型的振动压实试验台，对试验台隔振系统的动态特性进行了研究，为室内模拟高密实摊铺成型提供了参考。

严世榕等提出了 3 自由度的摊铺机熨平装置动力学模型，指出熨平装置的响应信号主要由主振动频率成分和振捣频率成分组成。Luo T. 等研究了振捣机构和振动机构在不同动力学参数组合下系统的动态响应，研究结果表明，熨平装置的振动频率应根据材料特性进行选择，振捣幅值应根据摊铺层厚度和预压密实度进行调整。该研究考虑了振捣和振动的影响，但是并未进行深入的理论分析，只是通过参数组合进行了试验研究。

沥青面层混合料热量容易散失，需要在较短的时间内将混合料压实到规范要求的密实度，同时薄的沥青面层在承受较大的冲击振动载荷时容易发生集料压碎。为了保证检测现场检测压实质量与路用性能的准确性，马建等分析并证明了不同道路路面需要采用不同的检测技术和仪器。无核密度仪以其方便、快捷、安全、无损的优势得到了道路施工者和研究工作人员的广泛应用。检测技术和仪器的发展为沥青路面压实质量的定量评定提供了依据。

随着国内公路建设等级的提高以及人们对路面成型质量认识的加深，摊铺质量成为影响沥青路面使用质量和寿命的重要因素。摊铺机熨平装置采用振捣压实和振动压实，人们以熨平装置—材料组成的振动系统为研究对象，综合分析了摊铺机熨平装置的结构参数、振动参数、工艺参数及混合料的组成特性对铺层密实的影响。选用技术先进的沥青摊铺设备进行路面施工，但对充分发挥设备先进技术优势的重视程度不够，使得摊铺作业设备的工作参数与沥青混合料的压实特性难以匹配，造成摊铺密实度低、压实均匀性差等后果。应根据沥青路面结构、路面材料和施工质量要求对摊铺机性能参数进行调整，保证路面施工质量和密实度。因此，为了使摊铺机摊铺沥青混合料时达到高密实摊铺效果，需要对高密实成型影响因素和压实均匀性进行综合研究。

1.3　本书主要内容

本书针对路面施工过程中沥青混合料密实度有待提高的问题，以沥青摊铺机熨平装置与沥青混合料相互作用的力学模型为研究对象，采用理论分析和试验相结合的研究方法，开展摊铺机对沥青混合料压实特性与高密实成型技术的研究。在对沥青摊铺机压实特性及摊铺机工作参数匹配研究的基础上，还设计了一种复合熨平装置，并进行了摊铺压实试验。本书主要包括以下内容：

第一章是绪论，主要介绍本书的编著背景及技术现状，并简要说明主要内容安排。

第二章的内容是关于摊铺机熨平装置的振动特性分析，研究摊铺机熨平装置的动力学性能及其对沥青混合料的压实特性，分析振捣机构在不同工作频率和振动频率下对熨平装置振动响应的影响，得到熨平装置振动响应的主频率分量及其对应的频谱峰值变化规律，确定不同频率组合下熨平装置对混合料的压实效果。

第三章针对熨平装置动力学模型，进行熨平装置对混合料的密实度频率特性研究，建立混合料密实度随振动频率变化模型，提出确定最佳振动频率及高密实度振动频率范围的方法。考虑到振捣冲程对振捣作用后混合料密实度的影响，建立振捣机构压实过程的数学模型，确定最佳振动频率。

第四章研究摊铺机熨平装置对铺层混合料的纵向和横向密实度分布均匀性，通过熨平装置运动学和动力学分析，设计熨平装置横向和纵向密实度分布均匀性的试验方案，获得提高路面密实度分布均匀性的高密实摊铺成型参数范围。

第五章的内容是关于摊铺机熨平装置振动特性应用的研究，采用正交试验设计方法确定摊铺速度、振捣频率和振动频率的最佳组合方式，设计一种复合式熨平装置，进行工程应用试验研究。

第 2 章　摊铺机熨平装置振动特性分析

　　本章基于摊铺机与沥青混合料组成的熨平装置动力学模型，对摊铺机熨平装置的动力学性能及其对沥青混合料的压实特性进行研究。在分析摊铺机对沥青混合料的压实特性时，将振捣机构作用给铺层的多次振捣可看作间断性周期振捣冲击波，从而确定振捣机构对熨平装置的作用力；通过仿真分析振捣机构工作频率和振动频率对熨平装置位移峰值的影响，确定熨平装置振动响应的主频成分及振捣频率和振动频率对应的频谱峰值变化；以熨平装置平均位移峰值为密实度评价指标，分析振捣机构和振动机构共同作业时混合料的密实效果，初步确定振捣频率和振动频率的取值范围。

2.1　熨平装置机构组成

2.1.1　机构结构组成

　　熨平装置作为摊铺机的主要工作部件，对保证摊铺质量至关重要。熨平装置通过两个大臂与摊铺机主机相连，主要由箱体、振动机构、熨平板、振捣机构等部分组成，其典型结构如图 2.1 所示。

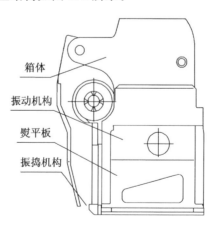

图 2.1　摊铺机熨平装置典型结构

摊铺机对沥青混合料进行的压实和熨平作业主要由熨平装置的压实机构来实现。压实机构包括振捣机构和振动机构，振捣机构对沥青路面进行振捣预压实，振动机构对沥青路面进行平整振动压实。

振捣机构安装在前挡板和熨平装置之间，由偏心轴、连杆、振捣梁、振捣锤、液压马达等部分组成，振捣机构进行作业时，通过液压马达驱动偏心轴转动，进而产生垂直方向的往复运动，对混合料反复冲击以实现初步捣实，提高物料的密实度。熨平装置为箱型结构，振动机构安装在熨平装置上，由振动偏心轴、液压马达和振动座组成，振动机构产生的偏心激振力作用在熨平装置底板上，实现对混合料的压实成型。

2.1.2　机构工作原理

摊铺机熨平装置的工作性能对成型路面的密实度和压实均匀性有重要影响，铺层混合料的密实度越高，成型路面质量越好。振捣机构的压实作用是通过低频高幅冲击作用对混合料进行强制压缩的，当冲击力强度足够大，在铺层材料中产生的剪切应力达到材料粒子间的抗剪强度时，大小颗粒相互交错重新排列，形成致密结构。振捣机构的工作原理如图 2.2 所示。

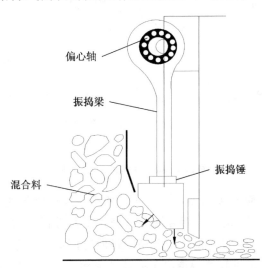

图 2.2　振捣机构的工作原理

振捣机构工作时，偏心轴带动振捣梁和振捣锤对沥青混合料产生周期性的强制压缩作用，同时增加振捣锤下方的混合料，经过若干个周期的振捣后，这些沥青混合料颗粒之间的空气被排出，颗粒之间相互靠近，混合料的密实度得到大幅提高。

　　振捣机构对混合料的压实工作性能的好坏主要取决于振捣频率和振捣冲程。振捣频率低，单位时间内作用于同一位置处混合料的重叠振捣次数少，振捣作用后的混合料密实度低；振捣频率高，则会增大不平衡惯性力，引起结构件的损坏。振捣冲程决定振捣结构的振幅值，可通过偏心套来调整振捣机构的振幅大小。振捣频率和振捣冲程确定后，振捣机构工作时产生的惯性力就唯一确定了，由于安装因素引起的惯性力不平衡，则需要通过调整不同振捣梁曲柄连杆机构之间的相位来消除。

　　熨平装置箱体上安装的振动机构，其作用是为了进一步提高熨平装置对混合料的密实度。振捣作用后的混合料空隙率减小，混合料铺层具有一定密实度，难以进一步密实，需要采用振动压实的方式增加混合料铺层的密实度。振动机构的工作原理如图 2.3 所示。

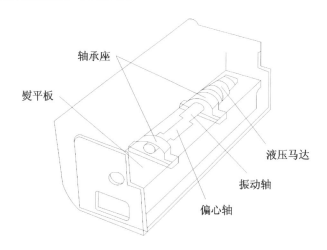

图 2.3　振动机构的工作原理

　　振动机构产生周期激振力，并通过熨平装置作用于捣实后的混合料铺层上，在高频振动作用下，被压沥青混合料颗粒重新进行排列，互相靠近，混合料内的空气被进一步排出，最终实现沥青路面的密实与平整。振动机构对混合料的压实工作性能的好坏主要取决于振动频率和振幅。在振动机构作用下，混合料颗粒内摩擦力较小并重新排列，更易于实现压实。振动频率过小时，难以达到预压密实度；振动频率过大则会增大路面过压的可能性，影响沥青路面成型质量。振动机构的振幅可通过偏心机构进行调节，其大小决定了激振力和铺层混合料的密实度。若各段熨平装置的振动机构振幅不一致，则会严重影响铺层的横向压实均匀性。

2.2　熨平装置振动特性

2.2.1　作业材料强度特性

沥青混合料是具有一定级配的矿物料与高温（140℃左右）沥青在专用设备中拌和，并保持高温状态供路面摊铺作业的物料，属于分散体系。沥青混合料结构组成复杂，其性能受矿物骨架和沥青特性的影响。沥青混合料按其组成结构的不同通常可以分为悬浮密实结构、骨架空隙结构和密实骨架结构三大类，分别采用连续型密级配、连续型开级配和间断型密级配矿物混合料。

沥青混合料需经过摊铺机的压实才能具备一定的结构强度，矿物料级配、矿物特性、沥青用量和黏度等都会影响混合料强度。其他条件一致时，沥青用量过高，矿物颗粒被分离，骨架强度差；沥青用量过低，形成的沥青膜难以完全裹覆矿物颗粒。沥青用量不合理会降低混合料的强度，进一步影响到摊铺施工后的铺层密实度；沥青用量适中，良好级配下的沥青混合料同时具备骨架坚实、空隙率适中和密实度较高的特点。

沥青混合料对摊铺作业时的温度敏感，热沥青混合料摊铺作业时需满足一定的温度要求，通常的温度范围为130℃～160℃。虽然温度因素会影响热沥青混合料的黏弹性，但本书主要研究的是满足摊铺作业温度要求下的热沥青混合料的高密实成型技术，所以对温度因素不做特别的说明与分析。

2.2.2　流变模型分析

沥青混合料各级矿料通过液相沥青黏结，具备一定的弹性、刚塑性和黏性。高温下的沥青黏度会降低，相应的混合料弹性也不会太大。矿料构成的骨架结构在外力作用下出现颗粒重新排列的现象，表现出不可逆的类塑性变形，称为刚塑性。含有沥青的混合料也表现出较大的黏性，可用流变学来分析热沥青混合料特性。

用弹簧、阻尼和滑块等基本单元组合而成的模型能够用来描述黏弹性材料的特性，按照特定规则，弹性元件满足胡克定律，黏性元件应力与应变速率成正比关系。Maxwell 流体模型、Kelvin 体模型和标准线性固体模型为常用的三种描述黏弹性材料特性的模型，如图 2.4 所示，图中 E 表示弹性模量，c 表示黏性阻尼系数。

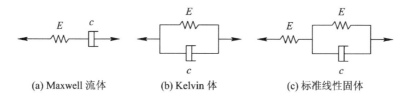

(a) Maxwell 流体　　　　(b) Kelvin 体　　　　(c) 标准线性固体

图 2.4　常用的黏弹性材料流变模型

对于具有黏弹性的沥青混合料，沥青含量、矿粒大小、级配等因素都会影响其流变特性，在不同外因和内因作用下，物料所表现出的响应特性存在明显差异。图 2.4 所示的流变模型通过串联、并联和串并联组合能够更好地描述物料的流变特性，构成更为复杂的黏弹性模型。摊铺机压实机构可对沥青混合料进行压缩，并且新料会不断地补充进来，混合料被压缩的时间相对较短。考虑到物料的松弛与蠕变，摊铺机熨平装置作用下沥青混合料常用的主要有三种流变模型，如图 2.5 所示。

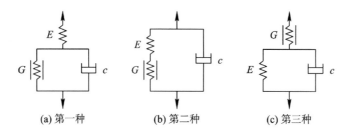

(a) 第一种　　　　　(b) 第二种　　　　　(c) 第三种

图 2.5　沥青混合料常用的流变模型

图 2.5 所示的三种模型都考虑了沥青混合料的弹性、刚塑性和黏性，刚性模量 G 表示应变对应力的变化率，物料颗粒之间的移动与重新排布产生的塑性变形则用刚塑性元件来表示。第一种模型由刚塑性元件与黏性元件并联后再与弹性元件串联，考虑混合料的瞬时弹性更多一些；第二种模型由刚塑性元件与弹性元件串联后再与黏性元件并联，不考虑瞬时弹性；第三种模型由弹性元件与黏性元件并联后再与刚塑性元件串联，主要体现沥青的刚塑性。

在整个摊铺压实过程中，混合料同时存在着黏弹性变形和塑性变形，但是在振捣机构压实过程和振动机构压实过程中，沥青混合料总变形中的黏弹性变形和塑性变形所占的比例不同。在振捣机构与混合料初次接触的捣实过程中，混合料处于松散状态，空隙较大，沥青混合料易于变形，此时混合料的塑性变形占总变形量的比例较大，黏弹性变形占总变形量的比例很小。当振捣机构从与接触混合料的最低位置开始向上运动时，沥青混合料的黏弹性变形也逐渐恢复，振捣机构对混合料的压缩量即塑性变形量仍然存在。当振捣机构再次接触混合料时，将新加入的沥青混合料压入上一次振捣过后的混合料铺层中，随着振捣机构作用于混合料的重叠振捣次数增加，塑性变形占总变形量的比例逐渐减小，黏弹性变形占总变形量的比例增大。振捣结束后，混合料颗粒的空隙率较小，混合料的进一步变形难度增大，此时，振动机构通过熨平装置对混合料进行振动压实，这个阶段混合料塑性变形占总变形量的比例很小，混合料的变形主要为黏弹性变形。

由此可知，在整个摊铺压实过程中，沥青混合料的流变特性主要表现为初始振捣时的塑性性质和振动压实作用时的黏弹性质，可由弹性元件与黏性元件并联后再与刚塑性元件串联，如图 2.5(c)所示。摊铺机的工作过程就是熨平装置与混合料之间的相互作用过程，对其作业介质基本摊铺特性的研究并合理选择沥青混合料流变模型，建立摊铺机熨平装置与沥青混合料的相互作用模型，是进一步研究摊铺机压实特性与沥青路面高密实成型技术的基础。

2.3 熨平装置动力学模型

2.3.1 机械振动理论

振动压实是设备做往复运动，产生的振动力连续快速地作用于沥青混合料的过程。当振动频率接近系统的自然频率时，颗粒振幅增加，颗粒之间的内摩擦阻力大幅减少，振动压实的效率最高，可以获得最佳压实效果。材料被短暂地激发之后会独立于激发强度进行自我调节，每个振动幅度在系统固有频率下重复出现并产生共振。在外载荷的重复作用下，被压实的沥青混合料颗粒振动，其振动加速度减弱了颗粒间的黏结和摩擦作用，沥青裹覆在骨料颗粒表面，为被压沥青混合料颗粒的运动提供了有利条件。在高频振动作用下，被压沥青混合料颗粒重新进行排列，互相靠近，混合料内的空气被排出，密实度增加。杨东来等、沈培辉等在国内外振动压实系统动力学模型及展望的综述研究中阐述了如下几种振动压实机理。

（1）振动使材料发生共振。材料在受到外界作用力时，自身也会产生振动，每种材料都有其自身的固有频率。由于材料特性、材料与压实设备的接触状态及临界条件等因素的不同，这些振动十分复杂。当振动频率与材料固有频率一致时，作用于材料的振动能量最大，材料的振幅也增大，同时增大了颗粒间的振动能量，使得材料达到最佳密实状态。

（2）振动使材料产生惯性力。材料颗粒在振动作用下会发生微小的运动，具有一定质量的材料颗粒会产生惯性力,在受迫振动作用下,由于颗粒质量和位置的差异,当惯性力大于材料颗粒间的黏聚力和内摩擦阻力时,颗粒移动并调整其相对位置,颗粒间的空隙被填充,材料更加密实。

以上对于振动压实机理的解释都是基于振动力和材料颗粒性质的,振动使材料发生共振是通过调节振动频率使颗粒的强迫响应振幅增大,使得能量利用最大化,从而提高密实效率的;振动使材料产生惯性力是利用材料颗粒在振动作用下的相互移动靠近进一步密实的。在摊铺机振动熨平装置对沥青混合料的压实过程中,材料颗粒由初始的静止状态变为运动状态,振动结束后的平衡静摩擦状态在振动激励的作用下逐渐转换为动摩擦状态,材料颗粒相互嵌挤达到新的咬合状态。

2.3.2　振动作业过程

热态沥青混合料主要由固相(粗集料、细集料、填料)、液相(沥青)和气相(空气)构成,不同结构组成对应不同类型的密实结构。通常使用的固相中粗集料、细集料和填料间有合理的配合比,在沥青混合料摊铺和压实成型过程中,设备的压实能力对于集料颗粒的大小及不同粒径的分布、颗粒之间的相对位置、集料颗粒上沥青裹覆层的性质、空隙率等特征会产生影响,使最终的路用性能有所差异。基于振动压实原理,压实设备对不同结构组成沥青混合料的振动密实过程一般都归结为:振动力作用下的压实设备将振动能量传递给被压材料,引起材料颗粒振动,降低内摩擦阻力,使之更易被压实。

沥青混合料摊铺振动压实过程可以从被压材料抗剪强度的角度来解释。材料的抗剪强度是指材料在外力作用下产生的抵抗剪切破坏的最大能力。由库仑定律可知,根据材料组成的不同,抗剪强度的计算分为考虑黏性和不考虑黏性两种情况。沥青混合料在不同温度下的黏性不同,路面施工过程中热拌沥青混合料的抗剪强度可用式(2.1)来描述。

$$\tau_a = c_a + \sigma_a \tan \varphi_a \tag{2.1}$$

式中:τ_a——抗剪强度,单位为 MPa;

c_a——黏聚力,单位为 MPa;

φ_a——内摩擦角,单位为度;

σ_a——剪切应力,单位为 MPa。

沥青混合料在振动密实过程中,在周期振动力的振动作用下,当作用于混合料的剪切应力大于不同密实度下混合料的抗剪强度时,集料颗粒重新排列,达到新的平衡,混合料更加密实。材料颗粒在振动作用下产生受迫振动,需要克服集料颗粒间的咬合摩擦力和滑动摩擦力。根据陈忠达和杨士敏的相关研究，可将材料颗粒看作运动的质点，其变化规律可视为正弦函数，如式（2.2）所示。

$$Z = A\sin(\omega t + \vartheta) \tag{2.2}$$

式中：Z——材料颗粒位移，单位为 m；

　　　A——材料振动幅值，单位为 m；

　　　ω——转动角频率，单位为 rad/s；

　　　t——振动时间，单位为 s；

　　　ϑ——相位角，单位为度。

材料颗粒速度和颗粒惯性力分别如式（2.3）和式（2.4）所示。

$$\dot{Z} = A\omega\cos(\omega t + \vartheta) \tag{2.3}$$

$$I = -m_0 A\omega^2 \sin(\omega t + \vartheta) \tag{2.4}$$

式中：m_0——材料颗粒质量，单位为 kg。

定义 $W = A\omega^2$ 为振动强度，则颗粒惯性力如式（2.5）所示。

$$I = -m_0 W\sin(\omega t + \vartheta) \tag{2.5}$$

由式（2.5）可知，在振动力作用下，材料颗粒惯性力随着颗粒质量和振动强度的增加而增大。混合料级配确定后，材料颗粒质量属于混合料固有特性，而振动强度由压实设备提供，其大小可通过振动参数进行调节，进而可以描述混合料颗粒在振动压实力作用下的颗粒运动规律。在振动压实作用下，沥青混合料黏聚力的存在使材料颗粒处于振动状态所需的惯性力较大。由于材料颗粒尺寸和大小存在差异，当振动强度足够大时，不同质量的材料颗粒会产生不同的惯性力，具有不同振动情况的材料颗粒间内摩擦阻力降低，颗粒间重新排列并相互靠近，有利于混合料的密实。

2.3.3　机构动力学模型

通过对熨平装置的工作原理和沥青混合料的压实特性的分析可知，沥青混合料在振捣机构作用前处于松散状态，在振捣机构的第一次加载过程中，混合料的塑性流动显著，具有明显的蠕变现象，形成不可逆的流动变形；振捣机构继续对混合料进行间断性瞬时加载，混合料在蠕变阶段的应变率随振捣次数的增加而减小。

振捣机构作用后的沥青混合料具有一定的密实度，其塑性性质减弱，弹性增强。振动机构进一步对沥青混合料压实时，混合料越来越密实，其振动压实压缩量逐渐减小，压实越来越困难。因此，分析摊铺机熨平装置对沥青混合料的压实特性时，基于图 2.5（c）所示的沥青混合料流变模型，当振捣机构与混合料第一次接触时，振捣机构对沥青混合料的接触压实作用主要取决于混合料的塑性性质。

经过振捣机构的初捣实作用后，混合料铺层的抗压强度有所增强，熨平装置对混合料的压实作用主要取决于混合料的黏弹性质。根据摊铺机熨平装置的结构及其工作原理，可建立摊铺机与沥青混合料组成的熨平装置动力学模型，如图 2.6 所示。

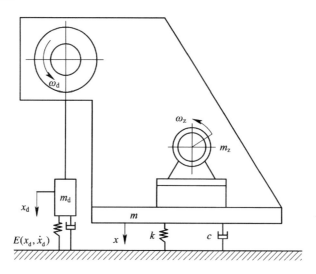

图 2.6　摊铺机熨平装置动力学模型

图中：m_d——振捣机构夯锤的质量，单位为 kg；

　　　x_d——夯锤周期运动过程的位移，单位为 m；

　　　m——熨平装置质量，单位为 kg；

　　　m_z——偏心块质量，单位为 kg；

　　　x——熨平装置的位移，单位为 m；

　　　$E(x_d, \dot{x}_d)$——振捣冲击时混合料对振捣机构的反作用力，单位为 N；

　　　k——熨平装置下方沥青混合料刚度系数，单位为 N/m；

　　　c——熨平装置下方沥青混合料阻尼系数，单位为（N·s/m）；

　　　ω_d——振捣机构回转角频率，单位 rad/s；

　　　ω_z——振动机构回转角频率，单位 rad/s。

振捣机构通过液压马达驱动偏心轴转动，产生垂直方向的往复运动。考虑到熨平装置位移的影响，根据相对运动原理，振捣夯锤周期运动过程的位移变化如式(2.6)所示。

$$x_d = x + r_d \sin(\omega_d t) \tag{2.6}$$

式中：x_d——振捣机构夯锤的垂向位移，单位为 m；

　　　x——熨平装置的位移，单位为 m；

　　　r_d——偏心轴上振捣偏心距，单位为 m；

　　　ω_d——振捣机构回转角频率，单位为 rad/s，$\omega_d = 2\pi f_d$，f_d 为振捣频率，单位为 Hz。

当液压马达驱动偏心轴转动时，夯锤吸收动能而具有运动速度，进而发生位移，压缩沥青混合料，使接触到的沥青混合料吸收能量产生变形。夯锤与混合料进行的是周期性接触的压实过程，振捣完一次，离开铺层，进行下一次振捣。

振捣开始前，沥青混合料处于松散状态，从夯锤开始接触混合料到夯锤运动到下止点的过程中，混合料产生压缩变形，吸收大量的能量，引起振捣能量在沥青混合料密实过程中的衰减，混合料越松散，能量衰减越快。振捣机构对混合料的压实是低频高振幅作用下的强制压缩过程。

振捣机构的工作频率范围一般为 0～25 Hz，振捣机构的夯锤对铺层作用时间短。当要分析单次振捣作用下振捣机构对铺层混合料的压实效果时，可以考虑振捣机构夯锤下方混合料在 $t = 0$ 时刻受到一个单位冲量作用的情况。混合料受到单位冲量时的响应，称为单位脉冲响应函数，如式(2.7)所示。

$$f_d(t) = \frac{e^{-\zeta\omega_0 t}}{m_0 \omega_d} \sin(\omega_d t) \tag{2.7}$$

式中：ω_0——系统固有频率，单位为 rad/s；

　　　ω_d——振捣机构回转角频率，单位为 rad/s；

　　　ζ——材料阻尼比。

研究表明，沥青路面常用的连续级配混合料 AC-16，其阻尼比为 0.3，最佳振动频率为 33 Hz，单次冲击衰减周期为 0.03 s，其单位脉冲响应函数如图 2.7 所示。

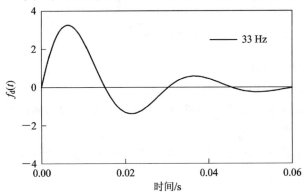

图 2.7　单位脉冲响应函数

由图 2.7 可知,该响应函数为一衰减信号,衰减周期为 $2\pi/\omega_d$。振捣机构最小工作周期为 0.04 s,如图 2.7 所示,在下一次振捣发生之前,0.04 s 时的振捣能量相比于总振捣能量已经衰减 90% 以上。在摊铺过程中,振捣机构是周期性地与铺层接触和分离的,振捣机构在运动最高点及最低点的垂直速度等于零。

夯锤开始接触铺筑材料时具有一定的速度(动量),形成起捣实作用的振捣冲击波与接触的铺筑材料共同向下移动,直到速度为零。可将作用给铺层的多次振捣看作间断性的周期振捣冲击波,如图 2.8 所示,图中 α 为脉宽系数,E 为脉冲高度,T_d 为振捣周期。

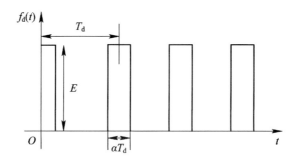

图 2.8 周期振捣冲击波

周期函数或周期冲击波可用常数及与原函数的最小正周期相同的正弦函数和余弦函数的线性组合来表示,以此来分析振捣冲击作用对铺层的捣实效果。矩形波傅里叶级数展开后如式(2.8)所示。

$$f_d(t) = E\left\{\alpha + \frac{2}{\pi}\left[\sin(\alpha\pi)\cdot\cos(\omega_d t) + \frac{1}{2}\sin(2\alpha\pi)\cdot\cos(2\omega_d t) + \right.\right.$$
$$\left.\left.\frac{1}{3}\sin(3\alpha\pi)\cdot\cos(3\omega_d t) + \cdots\right]\right\} \quad (2.8)$$

式中:α——脉宽系数;

　　　E——脉冲高度,单位为 mm;

　　　ω_d——周期振捣冲击波的基频,大小与振捣机构的回转角频率相等,单位为 rad/s。

若用 i 表示虚部,式(2.8)所示的傅里叶级数的复指数函数展开如式(2.9)所示,频谱如图 2.9 所示。

$$F_d(j\omega_d) = \frac{1}{T_d}\int_{-\frac{T}{2}}^{\frac{T}{2}} f_d(t)e^{-ij\omega_d t}\,dt$$

$$= \frac{E}{T_d} \frac{1}{-ij\omega_d} e^{-ij\omega_1 t} \bigg|_{-\frac{\tau}{2}}^{\frac{\tau}{2}} = \frac{E\tau}{T_d} \mathrm{Sa}\left(j\omega_d \frac{\tau}{2}\right) \qquad (2.9)$$

式中：j——展开次数；

　　　T_d——振捣周期，单位为 s。

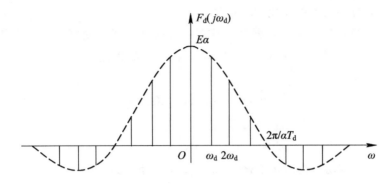

图 2.9　周期振捣冲击波频谱

　　由图 2.9 可知，振捣机构在冲击的瞬间集中了绝大部分能量，结合振捣机构的工作原理，取脉宽系数 α 为 1/4，振捣机构工作频率的基频 $\omega_d = 2\pi/T_d$。展开第 j 次冲击波分量如式（2.10）所示。

$$E_j = E \frac{2}{j\pi} \sin(j\alpha\pi)\cos(i\omega_d t) \qquad (2.10)$$

　　由频谱的收敛性可知，冲击波集中在低频段，对铺层混合料的压实作用类似静力冲击压实，压实作用直接且短暂。展开波的频次越高，其振动能量越小。经计算，前 3 次冲击波分量占据了冲击能量的 80％以上。取前 3 次冲击波分量来分析振捣机构对混合料的捣实作用，如式（2.11）～式（2.13）所示。

$$E_0 = E\alpha \qquad (2.11)$$

$$E_1 = E \frac{2}{\pi} \sin(\alpha\pi)\cos(\omega_d t) \qquad (2.12)$$

$$E_2 = E \frac{1}{\pi} \sin(2\alpha\pi)\cos(2\omega_d t) \qquad (2.13)$$

式中：E_0——振捣机构基波冲击有效值的均值，单位为 N；

　　　E_1——振捣机构一次冲击波有效值的均值，单位为 N；

　　　E_2——振捣机构二次冲击波有效值的均值，单位为 N。

　　根据作用力与反作用力，基于图 2.6 所示的熨平装置动力学模型，对振捣机构夯锤进行分析，根据牛顿第二定律可得：

$$m_d \ddot{x}_d + E(x_d, \dot{x}_d) = F_r(t) \qquad (2.14)$$

式中：$E(x_d, \dot{x}_d)$——振捣冲击时混合料对振捣机构的反作用力，单位为 N；

$F_r(t)$——熨平装置通过回转轴作用于振捣机构上的力，单位为 N。

振捣机构夯锤的轨迹并不是严格的周期简谐，振捣机构工作时，振捣夯锤的位移随着旋转角度的变化而不断改变。

当振捣机构和振动机构同时工作时，振动机构产生激振力作用于熨平装置，振动机构通过熨平装置对混合料产生的振实作用可视为简谐激振，如式（2.15）所示。

$$F_z(t) = m_z r_z \omega_z^2 \sin(\omega_z t) \qquad (2.15)$$

式中：m_z——偏心块质量，单位为 kg；

r_z——振动机构偏心距，单位为 m；

ω_z——振动机构回转角频率，$\omega_z = 2\pi f_z$，单位为 rad/s；

f_z——振动频率，单位为 Hz。

对熨平装置动力学模型进行分析，根据牛顿第二定律，可得熨平装置的动力学微分方程如式（2.16）所示。

$$m\ddot{x} + c\dot{x} + kx = F_z(t) - F_r(t) \qquad (2.16)$$

式中：m——熨平装置质量，单位为 kg；

k——熨平装置下混合料支承刚度系数，由试验与仿真相结合计算得到；

c——熨平装置下混合料阻力系数，由试验与仿真相结合计算得到；

x——熨平装置的竖向位移，单位为 mm；

$F_r(t)$——振捣机构对熨平装置的作用力，单位为 N；

$F_z(t)$——振动机构的激振力，单位为 N。

将式（2.14）和式（2.15）代入式（2.16）可得：

$$m\ddot{x} + c\dot{x} + kx + m_d \ddot{x}_d + E(x_d, \dot{x}_d) = m_z r_z \omega_z^2 \sin(\omega_z t) \qquad (2.17)$$

进一步，将式（2.6）、式（2.12）和式（2.13）代入式（2.17），可得振捣机构和振动机构共同作用时的熨平装置动力学方程，如式（2.18）所示。

$$M\ddot{x} + C\dot{x} + Kx = A_0 \sin(\omega_z t) + A_1 \sin(\omega_d t) + A_2 \cos(\omega_d t) + A_3 \cos(2\omega_d t) \qquad (2.18)$$

式中：M——熨平装置等效质量，单位为 kg；

K——熨平装置下混合料等效支承刚度系数，由试验与仿真相结合得到；

C——熨平装置下混合料等效阻力系数，由试验与仿真相结合计算得到；

$A_0 \sim A_3$——熨平装置上的作用力幅值,单位为 N。

作用力幅值 $A_0 \sim A_3$ 分别如式(2.19)～式(2.22)所示。

$$A_0 = m_z r_z \omega_z^2 \tag{2.19}$$

$$A_1 = m_d r_d \omega_d^2 \tag{2.20}$$

$$A_2 = -2E \sin \frac{(\alpha \pi)}{\pi} \tag{2.21}$$

$$A_3 = -E \sin \frac{(2\alpha \pi)}{\pi} \tag{2.22}$$

2.4　熨平装置动力学特性

2.4.1　振捣机构动力学特性

摊铺机熨平装置下方的铺层材料为热拌沥青混合料,为了与本书后续试验结果进行对比,数值仿真按照实际试验工况设定熨平装置和混合料特性参数,试验混合料采用连续级配沥青混合料 AC - 16,其合成级配数据曲线如图 2.10 所示。

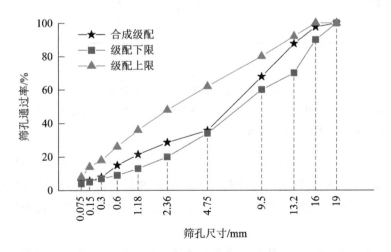

图 2.10　AC - 16 沥青混合料合成级配数据曲线

采用沥青混合料 AC - 16,通过室内试验得到摊铺前混合料的模量,并通过对摊铺机熨平装置动力学模型的计算及相关试验研究,可得到沥青混合料的特征参数。模型相关计算参数如表 2.1 所示。

表 2.1　熨平装置模型计算参数

参数	m_z/kg	m_d/kg	M/kg	r_z/m	r_d/m
数值	60	500	8000	0.035	0.005

为了分析摊铺机振捣机构对混合料的压实特性，利用表 2.1 中的模型计算参数，求解振捣机构和振动机构共同作用时的熨平装置动力学方程（式(2.18)），可以得到不同振捣频率时的熨平装置位移曲线。接下来分析振捣机构工作参数对熨平装置位移的影响，设振动频率为 40 Hz，振捣机构工作频率分别为 6 Hz、14 Hz、17 Hz、23 Hz 和 28 Hz，采样时间为 1 s，即当振动频率为定值时，不同振捣频率下熨平装置位移变化如图 2.11 所示。

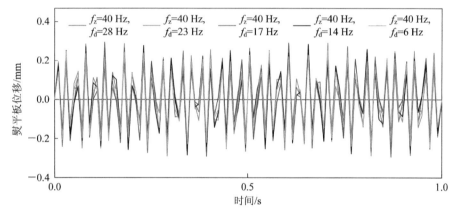

图 2.11　振捣机构工作频率变化时熨平装置位移曲线

注：由于书中有些图形为彩色，黑白印制不易区分，故将本书中彩图均放置出版社网站"本书详情"下面，以供读者参阅。

当振动频率为 40 Hz 时，熨平装置位移峰值随着振捣机构工作频率的变化出现波动。改变振捣机构的工作频率，熨平装置位移峰值随时间出现微小波动，位移曲线的变化周期没有明显的改变，曲线波动频率为振动机构的工作频率(40 Hz)。

基于振捣机构不同工作频率下的熨平装置位移曲线，采用离散傅里叶变换的快速算法——快速傅里叶变换(FFT)得到频域下的频率成分，确定组成熨平装置振动位移曲线的简谐振动分量频率，分析振捣机构的工作频率对熨平装置位移的影响程度。振动频率不变时，振捣机构不同工作频率下熨平装置位移频谱图如图 2.12 所示。

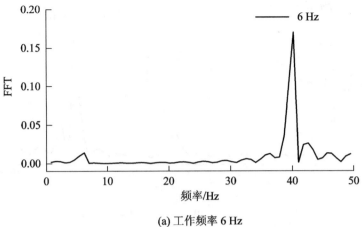

(a) 工作频率 6 Hz

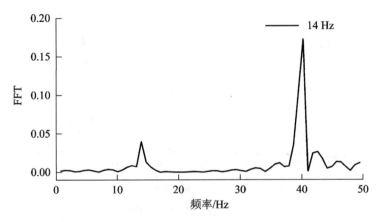

(b) 工作频率 14 Hz

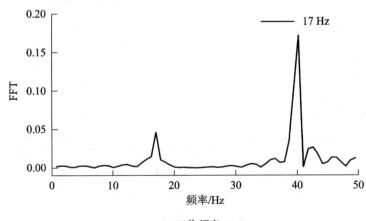

(c) 工作频率 17 Hz

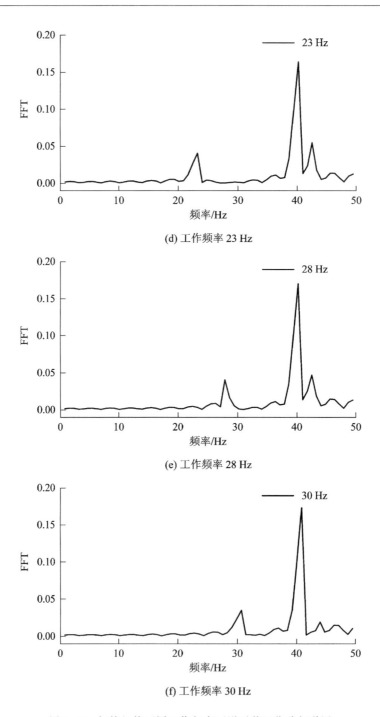

(d) 工作频率 23 Hz

(e) 工作频率 28 Hz

(f) 工作频率 30 Hz

图 2.12　振捣机构不同工作频率下熨平装置位移频谱图

由图 2.12 可知，振捣机构工作频率改变时，影响熨平装置振动位移曲线的简谐振动分量也在改变，包括简谐振动分量个数、振动分量频率及其对应的位移频谱峰值。振动频率对应的位移频谱峰值均高于其他振动分量对应的位移频谱峰值，表明熨平装置的位移受振动机构工作频率的影响较大，振动频率对熨平装置位移响应的影响为主要因素。随着振捣机构工作频率的增大，对熨平装置振动位移曲线产生明显影响的简谐振动分量由 1 个增加到 3 个。

如图 2.12(d)所示，当振捣机构工作频率为 23 Hz 左右时，振捣频率分量对应的位移频谱峰值均高于图 2.12 中其余振捣频率分量对应的位移频谱峰值，对熨平装置振动位移曲线影响最为显著。在该频率附近，铺层反作用于振捣机构的作用力增大，增加了作用于熨平装置上振捣分量对应的频谱峰值。随着振捣机构工作频率的继续增大，熨平装置振动分量个数随之减少。

当振捣机构工作频率能够达到 30 Hz 时，对熨平装置振动位移曲线产生明显影响的振动分量个数由 3 个减少为 2 个，振捣机构工作频率对应的位移频谱峰值与振动频率对应的位移频谱峰值均较高。为了避免振捣机构工作频率影响熨平装置对沥青混合料的振动作用力，应降低振捣机构工作频率对应的位移频谱峰值。

2.4.2　振动机构动力学特性

为了分析摊铺机振动机构对混合料的压实特性，利用表 2.1 中的模型计算参数，求解振捣机构和振动机构同时工作时的熨平装置动力学微分方程（式(2.15)），可以得到不同振动频率时的熨平装置位移曲线。

接下来分析振动机构的工作频率对熨平装置位移的影响，设振捣机构工作频率为 15 Hz，振动频率分别为 10 Hz、20 Hz、25 Hz、30 Hz、35 Hz 和 38 Hz，采样时间为 1 s，即当振捣频率为定值时，不同振动频率下熨平装置位移变化如图 2.13 所示。

摊铺机振捣机构和振动机构同时工作时，熨平装置位移呈现复杂的振动状态。

如图 2.13(a)～图 2.13(d)所示，当振捣机构的工作频率不变时，熨平装置位移峰值随着振动频率的增大呈现增长趋势。

如图 2.13(a)和图 2.13(b)所示，当振动频率分别为 10 Hz 和 20 Hz 时，熨平装置的位移峰值变化最为明显，表明振捣机构工作频率对熨平装置位移的影响较显著。

如图 2.13(e)和图 2.13(f)所示，振动频率继续增加，振动频率和振捣频率之间的差值增大，振捣机构对熨平装置位移响应的影响减小，熨平装置位移峰值变化逐渐平缓。

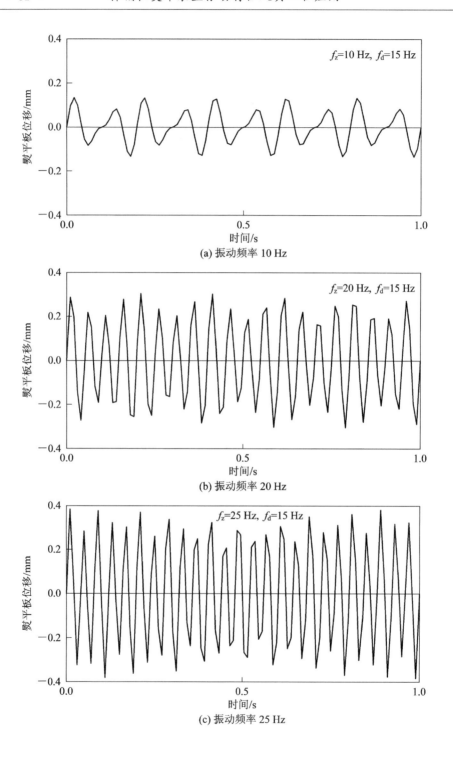

(a) 振动频率 10 Hz

(b) 振动频率 20 Hz

(c) 振动频率 25 Hz

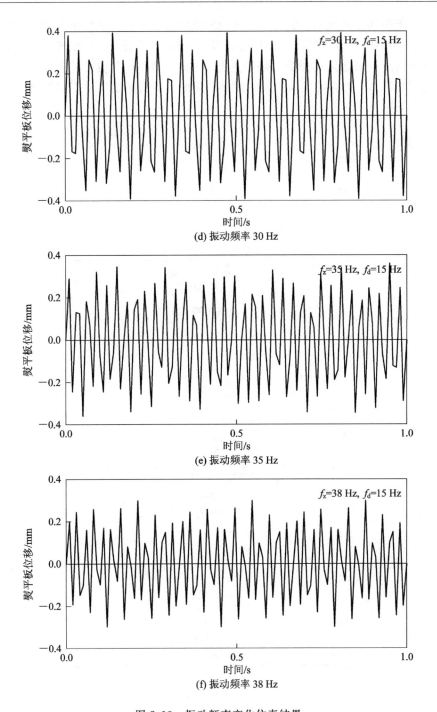

(d) 振动频率 30 Hz

(e) 振动频率 35 Hz

(f) 振动频率 38 Hz

图 2.13 振动频率变化仿真结果

　　基于不同振动频率下的熨平装置位移曲线,可采用离散傅里叶变换的快速算法——快速傅里叶变换(FFT)得到频域下的频率成分,确定组成熨平装置振动位移曲线的简谐振动分量的频率变化,分析振动频率对熨平装置振动频率分量的影响规律。当振捣机构的工作频率不变时,不同振动频率下熨平装置位移频谱图如图 2.14 所示。

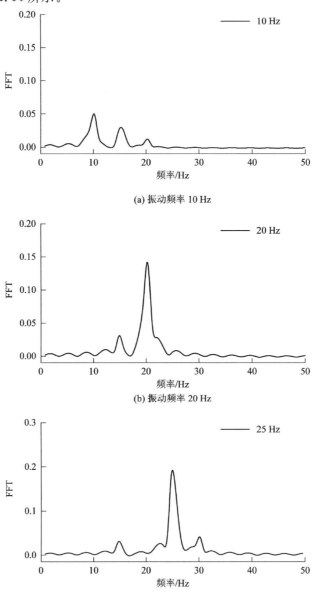

(a) 振动频率 10 Hz

(b) 振动频率 20 Hz

(c) 振动频率 25 Hz

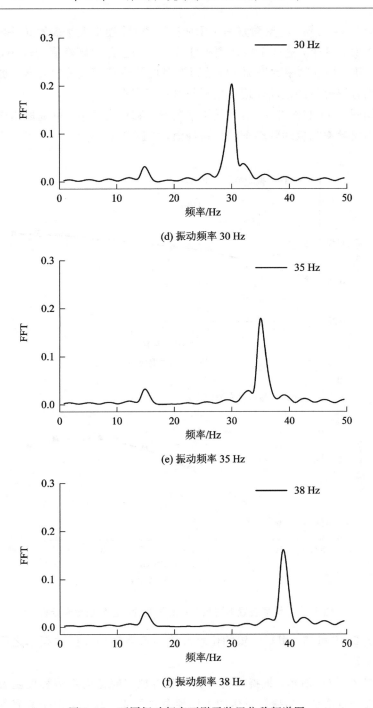

(d) 振动频率 30 Hz

(e) 振动频率 35 Hz

(f) 振动频率 38 Hz

图 2.14　不同振动频率下熨平装置位移频谱图

由图 2.14 可知,当振动频率小于振捣频率时,组成熨平装置位移曲线的振动分量主要有 3 个,这 3 个振动频率分量对应的位移频谱峰值均较小,没有明显区别。随着振动频率的增加,振动频率对应的位移频谱峰值增大,此时熨平装置对沥青混合料的振动作用力主要与振动频率有关。

根据图 2.11 和图 2.13 所示的熨平装置位移仿真结果,可提取出熨平装置在不同振捣频率和振动频率下的位移峰值,如图 2.15 所示。

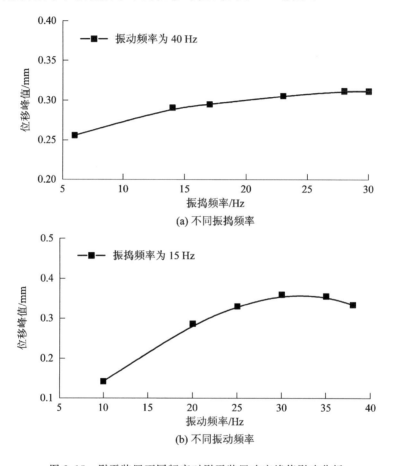

(a) 不同振捣频率

(b) 不同振动频率

图 2.15　熨平装置不同频率对熨平装置响应峰值影响分析

由图 2.15 可知,熨平装置的位移峰值与振捣频率及振动频率之间呈现正相关的关系。

如图 2.15(a)所示,振捣机构对熨平装置位移峰值的影响程度随着振捣频率的增大一直增加。当振捣机构的工作频率大于 23 Hz 后,熨平装置的位移峰值逐渐达到最大值。当振捣机构工作频率分别为 28 Hz 和 30 Hz 时,熨平装置的位移峰值大小相近，此时振捣频率对熨平装置位移峰值的影响最为明显。

如图 2.15(b)所示，随着振动频率的增加，熨平装置位移峰值逐渐增大，在 30 Hz 左右时出现最大值，之后随着振动频率的增加，熨平装置的位移峰值呈现减小趋势。为了保证振动机构对混合料铺层有显著的压实作用，应使熨平装置具有足够大的位移峰值，但是熨平装置位移过大会对混合料产生过压实，降低沥青路面压实质量，需要进一步分析不同频率组合下混合料的密实效果。

2.4.3　动力学仿真分析

通过振捣机构和振动机构对沥青混合料压实特性的研究，选取对熨平装置振动响应影响显著的振捣频率和振动频率，进一步分析摊铺机熨平装置对混合料的密实效果。采用正交试验方法进行仿真设计，熨平装置振动频率的研究范围取 20~40 Hz，振捣机构工作频率的研究范围取 6~23 Hz。不同频率组合时，仿真设计方案如表 2.2 所示。

表 2.2　振捣机构和振动机构不同频率组合设计方案

水平	振捣机构的工作频率/Hz	振动频率/Hz
1	10	24
2	15	30
3	18	36
4	23	40

根据不同频率的设计方案，进行仿真分析，得到振捣机构和振动机构不同频率组合下熨平装置位移峰值，如表 2.3 所示。

表 2.3　不同频率组合下熨平装置位移峰值

方案号	1	2	3	4	5	6	7	8
振动频率/Hz	24	30	36	40	24	30	36	40
振捣频率/Hz	10	10	10	10	15	15	15	15
位移峰值/mm	0.22	0.29	0.28	0.28	0.31	0.36	0.35	0.34
方案号	9	10	11	12	13	14	15	16
振动频率/Hz	24	30	36	40	24	30	36	40
振捣频率/Hz	18	18	18	18	23	23	23	23
位移峰值/mm	0.32	0.39	0.36	0.35	0.32	0.41	0.36	0.36

　　当分析振捣机构和振动机构共同作用下对混合料密实效果的影响时，以熨平装置平均位移峰值为密实度评价指标，对表 2.3 中振捣频率和振动频率在同一水平下各次仿真分析所得到的位移峰值求平均值，分别得出振捣频率和振动频率同一水平下的平均位移峰值，如表 2.4 所示。

表 2.4　平均位移峰值结果分析

振动频率/Hz	平均位移峰值/mm	振捣频率/Hz	平均位移峰值/mm
24	0.292	10	0.268
30	0.362	15	0.340
36	0.337	18	0.355
40	0.333	23	0.362

　　由表 2.4 可知，振动频率为 30 Hz 时，熨平装置平均位移峰值出现最大值 0.362 mm。为了更直观地进行对比分析，根据表 2.4 中振捣频率和振动频率同一水平下的平均位移峰值结果，得到振捣频率和振动频率对平均位移峰值的影响趋势，如图 2.16 所示。

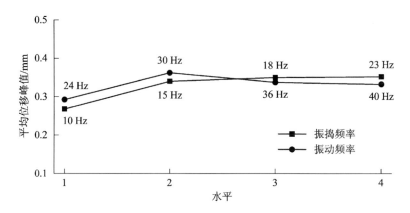

图 2.16　振捣频率和振动频率与熨平装置平均位移峰值的关系

　　由图 2.16 可知，当振动频率从水平 1 时的 24 Hz 增加到水平 2 时的 30 Hz 时，熨平装置平均位移峰值显著增大，当振动频率大于水平 2 时的 30 Hz 时，随着振动频率的增加，熨平装置的平均位移峰值逐渐减小趋于平缓。为了提高摊铺后混合料的密实度，应增大熨平装置的平均位移峰值，但是为了防止熨平装置对混合料产生过压实，破坏沥青混合的级配，造成沥青路面的压实不均匀，熨平装置的平均位移峰值应限制过大。为了获得高密实摊铺效果，推荐在沥青路面施工过程中，振动频率取 30～40 Hz 之间较合适。接着分析熨平装置平均位移峰值与振捣频率的关系。随着振捣频率的增加，熨平装置的平均位移峰值增大，当其他参数不变时，为了降低振捣机构工作频率变化对熨平装置平均位移峰值的影响，同时提高熨平装置对混合料的密实度及分布均匀性，振捣机构工作频率不应高于 18 Hz，取 10～18 Hz 之间较合适。

2.5　本 章 小 结

本章对摊铺机熨平装置的动力学性能及其对沥青混合料的压实特性进行了研究，得到如下主要结论：

（1）建立了振捣机构和振动机构组成的熨平装置动力学模型，在分析振捣机构对混合料的捣实效果中，可将作用给铺层的多次振捣看作间断性周期捣实冲击波，确定了振捣机构对熨平装置的作用力，得到了振捣机构和振动机构同时工作时的熨平装置位移响应，为摊铺机熨平装置对混合料压实特性的分析提供了理论基础。

（2）仿真分析了熨平装置上振捣频率和振动频率对应的频谱峰值变化，确定了振动频率为影响熨平装置位移响应的主要因素。随着振捣机构工作频率的增大，对熨平装置位移响应有显著影响的振动分量由 1 个增加到 3 个，当振捣机构工作频率大于 23 Hz 时，振捣频率对应的位移频谱峰值与振动频率对应的位移频谱峰值均较高。为了避免振捣频率过大从而影响熨平装置对沥青混合料的振动作用力，振捣频率取值不应大于 23 Hz。

（3）研究了振捣机构工作频率和振动频率对熨平装置位移峰值的影响，振动频率和振捣频率的差值增大，熨平装置位移峰值变化逐渐平缓，振捣机构对熨平装置位移峰值的影响减小。

（4）以熨平装置平均位移峰值为密实度评价指标，分析了振捣机构和振动机构共同作用时对混合料的密实效果，为了提高摊铺后混合料的密实度并防止熨平装置对混合料的过压，推荐振捣频率在 10～18 Hz 之间，同时振动频率匹配在 30～40 Hz 范围内。

第 3 章　摊铺机熨平装置振动
作业影响因素

　　为了提高摊铺机对沥青混合料的密实度,需要分析振捣机构的工作频率、摊铺速度和夯锤结构参数之间的关系,建立振捣机构压实过程数学仿真模型;基于振捣机构作用后混合料密实度的变化,针对摊铺机振动机构与沥青混合料组成的阻尼受迫振动系统,研究熨平装置动态特性和铺层密实度随振动频率的变化规律;当熨平装置振动压实作用前的混合料密实度一定时,建立混合料密实度理论模型,确定出现峰值密实度时振动机构采用的工作频率为该密实状态铺层的最佳振动频率;提出一种获取摊铺作业时铺层混合料获得高密实度振动频率范围的方法,并通过摊铺过程振动压实试验得到两种沥青混合料的高密实振动频率范围;结合 MTS 压缩试验,研究沥青混合料具有不同密实度时高密实振动频率范围的变化规律,为沥青混合料的高密实摊铺成型提供理论依据。

3.1　振捣机构影响分析

3.1.1　振捣机构影响因素

　　在振捣压实过程中,夯锤周期性地压缩松散的热态沥青混合料,每次振捣都有新的混合料加入,新加混合料与前一次振捣过的混合料被压缩至同一体积,经过多个周期的振捣压实,新填充颗粒在混合料中占据了空气的空隙,增加了混合料的密度。摊铺速度和振动频率相对稳定时,沥青混合料压实变形是一个渐进的过程。由于夯锤是等间距地振捣混合料的,因此沿摊铺机前进方向的同一位置处,混合料受到的振捣次数相同。摊铺机振捣作业过程如图 3.1 所示。

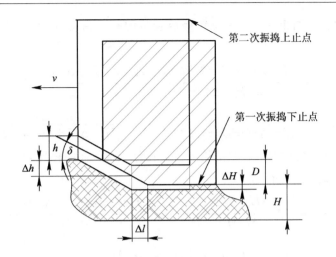

第二次振捣上止点

第一次振捣下止点

图 3.1　摊铺机振捣作业过程

图中：v——摊铺机前进速度，单位为 m/min；

　　　h——振捣冲程，单位为 m；

　　　Δh 和 Δl——分别为夯锤每一周期加载卸载后的混合料压缩高度和摊铺机前进距离，单位为 m；

　　　δ——夯锤倒角，单位为度；

　　　D——夯锤进料高度，单位为 m；

　　　H——摊铺厚度，单位为 m。

　　振捣压实起始阶段，沥青混合料松散，空隙率高，混合料与夯锤的第一次接触变形以塑性变形为主，压缩位移在循环卸载后迅速变化。在振捣机构每一次的加载和卸载循环中，带有一定振捣冲程 h 的夯锤对铺层混合料产生的压缩变形量为 ΔH，在夯锤每一周期的加载和卸载的过程中，铺层单位长度为 Δl。假设振捣压实过程中混合料只存在垂直方向的变形，混合料的推移量用回归系数 γ_0 表示。第一次振捣结束后，沥青铺层同一位置处密度 ρ_1 的计算如式(3.1)所示。

$$\rho_1 = \frac{\rho_0 \Delta l (H - \Delta H + \gamma_0 h + D - 0.5\Delta h)}{\Delta l (H - \Delta H + D - 0.5\Delta h)}$$

$$= \rho_0 \left(1 + \frac{\gamma_0 h}{H - \Delta H + D - 0.5\Delta h}\right) \tag{3.1}$$

式中：ρ_0——混合料初始相对密度，单位为 kg/m³；

　　　ρ_1——第一次振捣结束后混合料相对密度，单位为 kg/m³；

　　　γ_0——曲线回归系数，取决于混合料初始密实度和振捣机构对混合料的压实作用，由对现场摊铺试验密实度检测结果进行回归分析获得。

第二次振捣结束后，同一位置处混合料的相对密度 ρ_2 的计算如式（3.2）所示。

$$\rho_2 = \frac{\rho_1 \Delta l (H - \Delta H + D - 0.5 \Delta h) + \gamma_0 \rho_0 \Delta l (h - \Delta h)}{\Delta l (H - \Delta H + D - 1.5 \Delta h)}$$

$$= \rho_1 \left(1 + \frac{\Delta h}{H - \Delta H + D - 1.5 \Delta h}\right) + \rho_0 \gamma_0 \frac{h - \Delta h}{H - \Delta H + D - 1.5 \Delta h} \quad (3.2)$$

同理，振捣机构对混合料的第 i' 次振捣结束后，同一位置处的混合料密度 $\rho_{i'}$ 的计算如式（3.3）所示。

$$\rho_{i'} = \frac{\rho_{i'-1} \Delta l [H - \Delta H + D - (i' - 0.5) \Delta h + \Delta h] + \gamma_0 \rho_0 \Delta l (h - \Delta h)}{\Delta l [H - \Delta H + A - (i - 0.5) \Delta h]}$$

$$= \rho_{i'-1} + \gamma \frac{\rho_{i'-1} \dfrac{v}{f_d} \tan\delta + \rho_0 \left(h - \dfrac{v}{f_d} \tan\delta\right)}{H - \Delta H + D - (i' - 0.5) \dfrac{v}{f_d} \tan\delta}, \quad i' = 1, 2, \cdots, n \quad (3.3)$$

摊铺机以恒定的速度前进，设振捣机构夯锤作用在混合料铺层上的重叠振捣次数为 n，即夯锤作用在同一位置处的混合料铺层上的振捣次数，则振捣结束后该位置处的混合料密度 ρ_n 的计算如式（3.4）所示。

$$\rho_n = \frac{\rho_{n-1} \Delta l (H - \Delta H) + \gamma_0 \rho_0 \Delta l h}{\Delta l (H - \Delta H)} = \rho_{n-1} + \rho_0 \gamma_0 \left(\frac{h}{H - \Delta H}\right) \quad (3.4)$$

振捣机构夯锤作用在混合料铺层上的重叠振捣次数 n 的计算如式（3.5）所示。

$$n = \frac{60 f_d d}{v} \quad (3.5)$$

式中：f_d——振捣机构工作频率，单位为 Hz；

d——振捣机构夯锤宽度，单位为 m；

v——摊铺速度，单位为 m/min。

由以上分析可知，在振捣过程中，当振捣冲程和铺层厚度确定后，振捣夯锤上下运动的振幅是一定的，振捣机构对混合料的压缩量主要取决于铺层厚度和振捣冲程。考虑到热态沥青混合料的流变特性，每一次振捣过后混合料存在微小的黏弹性，夯锤垂直向上运动时，黏弹性变形逐渐恢复，因此为了进一步提高振捣作用后的混合料密实度，需要增加夯锤作用于混合料的重叠振捣次数。

摊铺机的振捣传动系统和行走传动系统是相互独立设置的，在摊铺作业过程中，摊铺速度的调节与振捣机构工作频率之间没有关系。但是由于摊铺机夯锤宽度小，振捣机构在一定工作频率下，作用于混合料的重叠振捣次数对摊铺速度变化敏感，当摊铺速度降低时，重叠振捣次数增多；反之，重叠振捣次数减少。同一位置处混合料铺层上的重叠振捣次数的变化会影响混合料的密实度。因此摊铺速度会影响摊铺后混合料的密实度。同时振捣机构工作频率和夯锤宽度也会影响作用于混合料的重叠振捣次数。

综上所述，影响振捣机构对混合料密实度的因素主要包括振捣冲程、振捣机构的工作频率、摊铺速度和夯锤结构参数。

3.1.2　振捣机构作业特性

由前面的分析可知，振捣作用后混合料的密实度主要取决于混合料压缩量和重叠振捣次数。混合料压缩量与铺层厚度 H 和振捣冲程 h 有关，重叠振捣次数与振捣频率 f_d、摊铺速度 v 和夯锤结构尺寸有关。为了研究振捣参数对混合料密实度的影响规律，应主要分析振捣冲程、振捣频率和摊铺速度对振捣作用下沥青混合料密实度的影响。

由沥青混合料密实度增长特性曲线可知，混合料的密实度与重叠振捣次数之间的回归曲线满足式(3.6)。

$$P_d = P_0 + \gamma_1 e^{-\gamma_2/n} = P_0 + \gamma_1(1 - e^{-60df_d/\gamma_2 v}) \tag{3.6}$$

式中：P_d——只有振捣作用时的混合料密实度；

P_0——没有振捣机构和振动机构的混合料初始密实度；

γ_1——回归系数，即铺层混合料达到极限密实度时，相对于初始密实度的增长量，取决于混合料初始密实度和振捣机构对混合料的捣实作用，由对现场摊铺试验密实度检测结果进行回归分析获得；

γ_2——回归系数，即曲线曲率因子，由对试验密实度检测结果进行回归分析获得。

由式(3.6)可知，经振捣机构作用后的混合料密实度相对于初始密实度的增长量 γ_1 主要与振捣冲程和铺层厚度有关。根据式(3.6)可得经振捣机构作用后的混合料密实度与振捣冲程、铺层厚度、振捣频率、摊铺速度和夯锤宽度之间的关系：

$$P_d = P_0 + \gamma_1 e^{-\gamma_2/n} = P_0 + \gamma_0\left(\frac{1}{H-h}\right)(1 - e^{-60df_d/\gamma_2 v}) \tag{3.7}$$

式中：h——振捣冲程，单位为 mm；

H——铺层厚度，单位为 mm；

γ_0——回归系数，取决于混合料初始密实度和振捣机构对混合料的压实作用，由对现场摊铺试验密实度检测结果进行回归分析获得。

　　对于本书试验中使用的沥青混合料 AC-16，实验室测得的该混合料松散堆积状态的密实度 P_0 为 75%，混合料达到极限密实度时，相对于初始密实度的增长量为 13%，γ_2 为 0.4。为了分析振捣冲程、振捣机构的工作频率和摊铺速度等参数对沥青混合料密实度的影响，当振捣机构对混合料压实作用在混合料的可压缩变形范围内时，由式(3.7)可得混合料密实度与振捣冲程的关系，如图 3.2 所示。

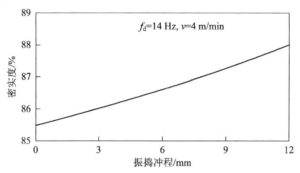

图 3.2　混合料密实度与振捣冲程的关系

　　由图 3.2 可知，当振捣机构的工作频率和摊铺速度一定时，混合料的密实度与振捣冲程正相关。在不破坏混合料级配的前提下，振捣冲程增大，混合料压缩量增加，会使密实度增大。增大振捣冲程可以提高夯锤对混合料的捣实速度，由于混合料的可恢复的黏弹性变形小，夯锤向上运动时，与被捣实混合料脱离接触，在夯锤的多次振捣冲击下，混合料颗粒位移变形速率增大，因此混合料会很快被捣实。

　　夯锤向下捣实混合料时，由于混合料铺层厚度和压缩量不同，因此夯锤受到的振捣阻力也会随之变化。当振捣冲程过大时，夯锤对混合料的压缩量大于该铺层厚度下的混合料的可压缩量，产生的振捣阻力作用于振捣机构，会破坏熨平装置的稳定工作状态，因此振捣冲程应与混合料的可压缩量和初始密实度相适应。振捣冲程的大小通过振捣机构偏心距来调节，当偏心距一定，夯锤的每一次振捣与混合料接触时，振幅固定不变。对于铺层厚度在 30~50 mm 的沥青面层摊铺，振捣冲程不应过大，一般为 5 mm。振捣机构的振捣冲程根据铺层厚度确定后，应进一步根据振捣机构的工作频率和摊铺速度调节夯锤作用于混合料的重叠振捣次数。

　　由式(3.7)可得振捣作用后的混合料密实度与重叠振捣次数的关系，如图 3.3 所示。

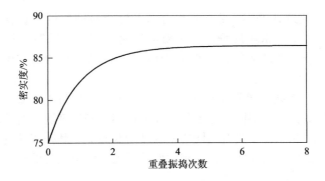

图 3.3 混合料密实度与重叠振捣次数的关系

在图 3.3 中,随着重叠振捣次数的增大,摊铺后混合料密实度也增加。当重叠振捣次数小于 3 次时,混合料密实度增长较快,继续增加振捣次数,密实度增长趋于稳定状态;当作用在混合料上的重叠振捣次数满足最小振捣次数(3 次)时,继续增加振捣次数,振捣机构作用后的混合料密实度没有明显变化。为了保证振捣作用后混合料铺层捣实质量,作用于混合料的重叠振捣次数不应小于 3 次。因此,振捣机构的工作频率应根据摊铺速度进行调节,摊铺速度加快,振捣机构的工作频率应随之增大。同时根据前文所述,为了防止过大的振捣频率影响熨平装置对混合料的作用力,振捣机构的工作频率不应高于 23 Hz。对于沥青路面的高密实摊铺成型,为了提高振捣作用后的混合料密实度,可根据需要调节振捣频率和摊铺速度,增加重叠振捣次数。

对于研究振捣频率、摊铺速度和振捣冲程对混合料密实度的影响,可根据式(3.7),采用不同的振捣冲程和摊铺速度,得到混合料密实度与振捣频率的关系,如图 3.4 所示。

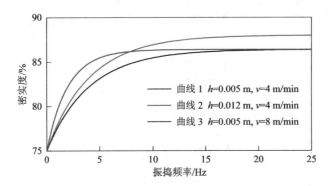

曲线 1 $h=0.005$ m, $v=4$ m/min
曲线 2 $h=0.012$ m, $v=4$ m/min
曲线 3 $h=0.005$ m, $v=8$ m/min

图 3.4 不同振捣冲程与摊铺速度下混合料密实度与振捣频率的关系

由图 3.4 可以看出,不同振捣冲程、摊铺速度和振捣机构工作频率组合下密实度的变化规律基本一致，且符合沥青混合料密实度增长特性的试验结果。振捣频率增大，密实度增加，前期增长速率较快，后期增长速率逐渐减慢。相比较而言，曲线 2 的密实度大于曲线 1 中混合料的密实度，振捣冲程为 0.012 m 时混合料更容易压实。

如图 3.4 中曲线 1 和曲线 3 所示，当摊铺速度分别为 4 m/min 和 8 m/min 时，密实度的增长过程不同，速度为 4 m/min 时，密实度更早进入增长变化的平缓期。曲线 1 和曲线 3 具有相同的密实度增长量，但是密实度的增长过程不同；曲线 1 和曲线 2 具有相同的密实度增长过程，但是最终的振捣压实效果存在差异。

振捣频率会影响作用在混合料铺层上的重叠振捣次数，振捣冲程和摊铺速度共同决定了密实度随振捣频率的变化过程及经振捣机构作用后混合料最终的捣实效果。

3.2　振动机构影响分析

3.2.1　振动机构影响因素

分析沥青混合料在振动机构作用下的压实效果时，可基于振捣机构作用后的混合料铺层，研究振动机构的工作频率对沥青混合料密实度的影响。本节以摊铺机振动机构为对象，进行熨平装置对沥青混合料振动密实过程中的动力学分析。

建立分析模型之前，假设模型中的有关参数和条件如下：偏心机构回转中心线与熨平装置惯性中心重合；沥青混合料铺层为弹塑性体且振动熨平装置与摊铺层紧密接触；弹簧与阻尼的合力通过熨平装置质心，激振力与支承力构成的力系对质心的力矩为零；在以上条件下，熨平装置仅存在平移运动。根据摊铺机振动机构结构及其工作原理，建立熨平装置对混合料的振动压实模型，如图 3.5 所示。

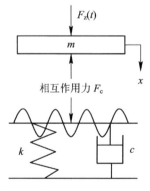

图 3.5　熨平装置对混合料的振动压实模型

图中：m——熨平装置质量，单位为 kg；

$F_z(t)$——振动机构的偏心激振力，单位为 N；

F_c——熨平装置与沥青混合料相互作用力，即熨平装置作用于沥青混合料的压实力，单位为 N；

k——熨平装置下方沥青混合料的刚度系数；

c——熨平装置下方沥青混合料的阻尼系数。

振动机构产生的偏心激振力作用在熨平装置上，熨平装置在竖直方向上的往复运动可用 x 方向的微分方程进行描述，根据拉格朗日方程可得熨平装置的动力学微分方程，如式（3.8）所示。

$$\begin{cases} \dfrac{\mathrm{d}}{\mathrm{d}t}\left(\dfrac{\partial W_T}{\partial \dot{x}}\right) - \dfrac{\partial W_T}{\partial x} + \dfrac{\partial W_D}{\partial \dot{x}} + \dfrac{\partial W_V}{\partial x} = 0 \\[2mm] W_T = \dfrac{m}{2}\dot{x}^2 + \dfrac{1}{2}m_z\dot{x}_z^2 + 2 \times \dfrac{1}{2}J\omega_z^2 \\[2mm] \qquad W_D = \dfrac{1}{2}c\dot{x}^2 \\[2mm] \qquad W_V = \dfrac{1}{2}kx^2 \end{cases} \tag{3.8}$$

式中：W_T——系统的动能，单位为 kJ；

W_D——散失能，单位为 kJ；

W_V——位能，单位为 kJ；

J——偏心轴的转动惯量，单位为 kJ；

x——熨平装置的竖向位移，单位为 m；

x_z——偏心块的竖向位移，单位为 m；

m_z——偏心块质量，单位为 kg；

r_z——振动机构偏心距，单位为 m；

ω_z——振动机构回转角频率，$\omega_z = 2\pi f_z$，单位为 rad/s；

f_z——振动频率，单位为 Hz。

偏心块的竖向位移 x_z 如式（3.9）所示。

$$x_z = x + r_z\sin(\omega_z t) \tag{3.9}$$

将式（3.9）代入式（3.8），可得式（3.10）。

$$m\frac{\mathrm{d}^2 x}{\mathrm{d}t^2} + c\frac{\mathrm{d}x}{\mathrm{d}t} + kx = m_z r_z \omega_z^2 \sin(\omega_z t) = F_z(t) \tag{3.10}$$

记位移响应值 $x = X\sin(\omega_z t - \varphi)$，则可解得：

$$X = \frac{m_z r_z \omega_z^2}{\sqrt{(k - m\omega_z^2)^2 + (c\omega_z^2)^2}} \tag{3.11}$$

$$\varphi = \arctan\left(\frac{c\omega_z}{k - m\omega_z^2}\right) \tag{3.12}$$

式中：X——熨平装置振幅，单位为 m；

$\quad\quad\varphi$——相位角差值，单位为度。

在摊铺机振动熨平装置对沥青混合料的压实过程中，当振动频率接近混合料的固有频率时，颗粒振幅增加，颗粒之间的内摩擦阻力大幅减少，振动压实的效率最高，可以获得最佳压实效果，则称该振动频率为混合料的最佳振动频率。

当振动频率为混合料的最佳振动频率时，混合料颗粒由初始的静止状态变为运动状态，振动结束后的平衡静摩擦状态在压实力 F_c 的作用下逐渐转换为动摩擦状态，集料颗粒相互嵌挤，达到新的咬合状态。

共振理论认为最佳压实效果与材料和压实设备组成的系统密切相关。对于沥青混合料与摊铺机熨平装置组成的压实系统，通过调节振动频率使混合料颗粒的响应振幅增大，提高混合料的密实度和密实效率，可以使摊铺层获得最佳压实效果。

在熨平装置对沥青混合料的压实过程中，混合料铺层密实度和作用于混合料的压实力密切相关，振动机构在不同振动频率时的振动能量通过熨平装置传递给混合料铺层，混合料在压实力的作用下发生变形，混合料铺层密实状态与其压实变形过程密切相关。

根据式(3.11)，可得熨平装置位移幅值 X_0，见式(3.13)。

$$X_0 = \frac{m_z r_z (\omega_z/\omega_0)^2}{m\sqrt{[1 - (\omega_z/\omega_0)^2]^2 + (2\zeta\omega_z/\omega_0)^2}} \tag{3.13}$$

式中：X_0——位移幅值，单位为 m；

$\quad\quad\omega_0$——混合料获得高密实摊铺压实效果时所需的振动频率，可根据熨平装置对混合料的最佳振动频率试验获得，即熨平装置压实混合料时，铺层获得峰值密实度时所需的振动频率，单位为 rad/s；

$\quad\quad\omega_z$——振动频率，单位为 rad/s；

$\quad\quad\zeta$——混合料的阻尼比。

令 $\lambda = \omega_z/\omega_0$，即 ω_z 与 ω_0 的比值为振动频率比 λ。熨平装置振动响应量随时间和频率比的变化规律如图 3.6 所示。

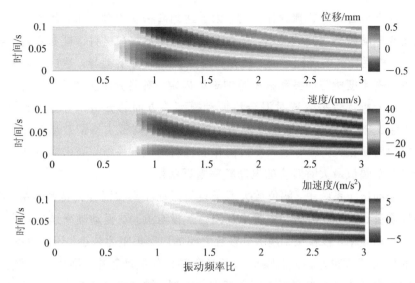

图 3.6 熨平装置振动响应量随时间和振动频率比的变化

如图 3.6 所示,在熨平装置的作用下,熨平装置的响应位移、响应速度和加速度均出现响应峰值(红色区域)。随着振动频率的增加,位移响应先出现第一个峰值点,紧接着速度响应和加速度响应也依次出现峰值点。

振动频率比在 0.75～1.25 之间(暗红色区域)时,位移峰值整体增大,熨平装置对沥青混合料的密实作用显著。加速度峰值出现较高点时振动频率比接近 1,对应的速度和加速度峰值的频率滞后于位移峰值处的频率。熨平装置的位移幅值是影响沥青混合料密实度的重要参数。

3.2.2 振动机构作业特性

由式(3.13)可见,对于成型的摊铺机熨平装置而言,其结构尺寸与质量参数在工作过程中不可改变。振动机构的振动频率 ω_z 通过改变马达的转速调节,可使振动机构的激振力改变,ω_0 是混合料获得高密实摊铺压实效果时所需的振动频率,可根据熨平装置对混合料的最佳振动频率试验获得。因此,在摊铺作业过程中,影响位移幅值的参数有振动频率 ω_z 和混合料的阻尼比 ζ。振动频率 ω_z 和混合料的阻尼比 ζ 共同决定了位移幅值变化趋势,位移幅值随频率 ω_z 和阻尼比 ζ 的变化规律可由振幅放大因子 β_0 来表示,基于式(3.13),可得位移幅值放大因子 β_0 的表达式如式(3.14)所示。

$$\beta_0 = \frac{X_0 m}{m_z r_z} = \frac{\lambda^2}{\sqrt{(1-\lambda^2)^2 + (2\zeta\lambda)^2}} \qquad (3.14)$$

式中:λ——振动频率比,是 ω_z 与 ω_0 的比值。

对沥青混合料进行摊铺作业时，为了达到高密实摊铺效果，需要建立材料密实度与振动频率之间的关系，从而对设备振动参数和材料特征参数进行综合研究。沥青混合料的级配组成、沥青含量及矿料来源的差异，造成了摊铺作业时获得高密实度所需的振动频率范围难以确定。对共振压实理论、混合料振动密实过程分析及熨平装置对混合料振动模型等方面的分析，与确定的摊铺速度、沥青混合料类型、摊铺温度范围和摊铺设备，高密实摊铺效果及熨平装置响应幅值密切相关，即对于振动机构和混合料组成的系统，高密实摊铺效果在混合料振动幅值最大时对应的振动频率附近获得。

在振动压实系统中，幅值放大因子只与振动频率和混合料特性有关，与熨平装置质量、振动机构偏心块质量及偏心距没有关系。振动频率越接近混合料的最佳振动频率，颗粒振幅越大，颗粒之间的内摩擦阻力越小，压实效率越高，获得的压实效果越好；振动频率远离混合料最佳振动频率，则压实效果变差。由此建立熨平装置对混合料的密实度理论模型。摊铺机振动频率与混合料密实度 P 的关系如式(3.15)所示。

$$P = P_d + p_z \beta_0 = P_d + p_z \frac{\lambda^2}{\sqrt{(1-\lambda^2)^2 + (2\zeta\lambda)^2}} \quad (3.15)$$

式中：P_d——振捣机构作用后的混合料密实度；

p_z——曲线拟合系数，可根据现场摊铺试验结果并对其进行非线性拟合优化获得。

为了确定密实度曲线峰值位置，对式(3.15)求导并令其为零，如式(3.16)所示。

$$\frac{dP}{d\lambda} = \frac{2\left[(1-\lambda^2)^2 + (2\zeta\lambda)^2\right]}{\left[(1-\lambda^2)^2 + (2\zeta\lambda)^2\right]^{3/2}} p_z \lambda - \frac{\lambda\left[4\zeta^2\lambda - 2\lambda(1-\lambda^2)\right]}{\left[(1-\lambda^2)^2 + (2\zeta\lambda)^2\right]^{3/2}} p_z \lambda = 0 \quad (3.16)$$

解得曲线峰值对应的振动频率比 λ_0，如式(3.17)所示。

$$\lambda_0 = \sqrt{\frac{1}{1-2\zeta^2}} \quad (3.17)$$

振动压实系统中混合料的有阻尼共振频率 ω_r 如式(3.18)所示。

$$\omega_r = \sqrt{\frac{1}{1-2\zeta^2}} \omega_0 \quad (3.18)$$

式中：ζ——混合料的阻尼比。

幅值放大因子随振动频率比的关系体现了熨平装置对混合料的摊铺密实度频率特性，可由式(3.15)获取，如图 3.7 所示。

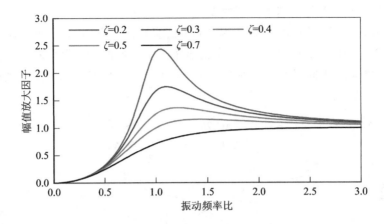

图 3.7　熨平装置对混合料的幅频特性曲线

　　当有阻尼作用时，曲线峰值位于有阻尼共振频率 ω_r 处。当 $\omega_z < \omega_r$ 时，即 $\lambda < \lambda_0$，幅值放大因子小，表明振动压实后混合料铺层密实度较小，随着振动频率 ω_z 的增大，振动频率比增大，幅值放大因子增大，密实度增加；当 $\omega_z = \omega_r$ 时，即 $\lambda = \lambda_0$，幅值放大因子达到峰值，密实度获得最大值，该峰值密实度对应的振动频率是熨平装置对混合料的最佳振动频率 ω_0，即混合料获得高密实摊铺压实效果时所需的振动频率。此后随着振动频率 ω_z 的增大，幅值放大因子缓慢减小，并逐渐趋于稳定。幅值放大因子峰值点附近区域对应的振动频率范围是混合料铺层的高密实振动频率区间，该区间对材料密实度的影响与阻尼比有密切关系。若阻尼比小于 0.4，最佳振动频率下幅值放大因子增长很快，振动压实作用下混合料的密实度变化明显；随着阻尼比增加，振动压实对材料密实度的影响程度降低；当阻尼比大于 0.5 时，密实度频率特性曲线无明显峰值，即幅值放大因子峰值被混合料阻尼弱化。对于阻尼比小于 0.5 的材料，可取最佳振动频率附近作为高密实振动频率区间，在工程应用中将振动频率匹配在该范围内，材料可获得高效压实效果；对于阻尼比大于 0.5 的材料，将振动频率匹配在高于最佳振动频率时可以提高混合料摊铺后的密实度。

　　在对沥青混合料进行振动压实的过程中，除振动频率之外，沥青混合料级配、沥青混合料油石比、材料成型温度、摊铺速度和振动压实参数等因素都对沥青混合料的振动压实结果有影响。当沥青混合料级配和沥青用量确定时，在沥青路面施工过程中，摊铺速度和振动参数根据施工要求进行调节，随着沥青混合料出料温度及温降速率的变化，混合料压实成型的施工温度有所差异。董刚对沥青混合料的压实工艺的研究结果表明，沥青混合料成型温度在 100℃～170℃ 的变化过程中，材料颗粒间的内摩擦角随着温度的增加呈减小趋势，只是减小的速率随温度的增加逐渐变缓。

　　Zhang Z. 等选用 AC 类沥青混合料的三种级配 AC-13、AC-16、AC-20，分别在 110℃、125℃、140℃、155℃的温度下分析不同的成型温度对沥青混合料密实度的影响。不同温度下三种沥青混合料的体积密度或空隙率变化规律如图3.8 所示。

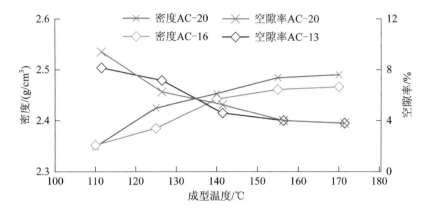

图 3.8　压实成型温度与密度或空隙率关系曲线

　　随着混合料温度的增加，密度呈现先增大后趋于平缓的趋势。压实成型温度在 130℃～160℃时，混合料具有较高的密实度。升高压实成型温度会降低混合料中沥青的黏度，减小混合料颗粒之间的黏聚力，使混合料在振动机构的激振力和沥青润滑的作用下更易产生相对移动和位置重组，使密实度增加。

　　根据《公路沥青路面施工技术规范》(JTG F40—2004)，在正常施工环境下，对于采用 90 号石油沥青的混合料，其摊铺温度应不低于 140℃，该温度范围下混合料更易压实成型，材料获得相同密实度所需的压实功将减小。因此，在摊铺作业时，充分利用沥青混合料在摊铺温度范围内的可压实性，可以快速提高混合料的摊铺密实度。

　　李利利对热态沥青混合料压实特性的研究数据结果表明，若在摊铺阶段高效率地提高摊铺密实度，则摊铺越密实的混合料保温效果越好，摊铺过程中温降速率小，摊铺温度散失少，碾压混合料时温度保持稳定，避免了温度散失过快而需要更多压实功进一步密实混合料，提高了碾压效率。

　　因此，为了提高混合料的密实度与摊铺作业效率，保证混合料在高效压实温度范围内压实成型，需要进一步研究摊铺过程中熨平装置对沥青混合料的压实特性，获得提高沥青混合料密实度的高密实振动频率范围，在摊铺作业阶段有效地提高混合料铺层的密实度。

3.3　振动因素试验分析

为了获得沥青混合料具有高摊铺密实度时的高密实振动频率范围，可以通过检测铺层密实度，确定密实度最高时对应的频率，该频率即为摊铺机作业的最佳振动频率，将振动频率匹配在最佳振动频率附近可以获得高密实摊铺效果。

试验摊铺机熨平装置采用的振动机构由单独的液压泵驱动，工作频率可以在 $0 \sim 50$ Hz 内连续调节。试验段为两种沥青混合料 AC-16 和 SMA-13。AC-16 沥青混合料为高密实摊铺成型试验所采用的沥青混合料，为保证模型的合理性与适用性，采用 SMA-13 沥青混合料进行对比试验分析。

AC-16 沥青混合料采用 SBS(I-C) 聚合物改性沥青，加工改性沥青的基质沥青采用 A 级 90 号道路石油沥青，粗集料采用乌兰察布市生产的玄武岩碎石，细集料采用苏尼特左旗生产的石灰岩碎石。AC-16 混合料级配数据如表 3.1 所示。

表 3.1　AC-16 混合料级配数据

筛孔尺寸/mm	0.075	0.15	0.3	0.6	1.18	2.36	4.75	9.5	13.2	16	19
级配下限/%	4	5	7	9	13	20	34	60	70	90	100
级配上限/%	8	14	18	26	36	48	62	80	92	100	100
合成级配/%	5.2	5.7	7.8	15	21.4	28.6	35.7	67.8	87.6	97.6	100

SMA-13 混合料的粗集料采用京山玄武岩，细集料采用江西茅迪石灰岩，矿粉采用大冶市矿粉，改性沥青采用 SBS 改性沥青，纤维采用聚酯纤维，密度为 1.036 g/cm³，SMA-13 混合料级配数据如表 3.2 所示。

表 3.2　SMA-13 混合料级配数据

筛孔尺寸/mm	0.075	0.15	0.3	0.6	1.18	2.36	4.75	9.5	13.2	16
级配下限/%	8	9	10	12	14	15	20	50	90	100
级配上限/%	12	15	16	20	24	26	34	75	100	100
合成级配/%	9.2	9.9	10.6	11.8	14.1	17.9	24.7	58.2	92.1	100

AC-16 和 SMA-13 混合料沥青用量（也称为质量分数，下文同）分别为 4.8% 和 6.4%。改性沥青性能试验结果如表 3.3 所示。

表 3.3　改性沥青性能试验结果

试验项目		技术指标	实测值
针入度(25℃，100 g，5 s)/(0.1 mm)		60~80	67
针入度指数 PI		≥-0.4	1.65
延度(5℃，5 cm/min)/cm		≥30	49
软化点 $T_{R\&b}$/℃		≥55	73
闪点/℃		≥230	281
RTFOT 后残留物	质量变化/%	≤±1.0	-0.400
	残留针入度比 25℃/%	≥60	68.6
	残留延度(5℃)/cm	≥20	26

摊铺作业前应在振动频率的可调范围内设置振动机构的振动频率，摊铺作业过程中采用接触式测温仪检测沥青混合料的摊铺温度，摊铺结束后检测该振动频率下摊铺后的混合料密实度，确定密实度最高时对应的频率即为摊铺机作业的最佳振动频率。试验采用 PQI301 无核密度仪对摊铺后的混合料铺层进行密度检测，其工作原理示意图如图 3.9 所示。

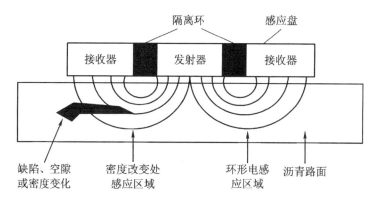

图 3.9　无核密度仪工作原理示意图

沥青混合料的密度和介电常数之间存在比例关系，无核密度仪感应器通过磁场来探测被压混合料的介电常数，并通过电子部件将场信号转换成密度。测试开始前，将被检测混合料的标准密度值（即最大理论密度或室内马氏密度）输入到无核密度仪中，检测过程中无核密度仪可直接显示路面密实度大小。在使用无核密度仪的过程中，还可以根据路面检测厚度，调整电磁波强度，改变穿透深度，检测不同类型沥青混合料的密实度。为了确保无核密度仪在摊铺现场评定的密实度与沥青路面实际的密实度一致，进行试验之前需对无核密度仪进行标定。为减小测量误差，采用标定的无核密度仪在同一测点应进行 5 次试验并取均值，检测试验过程和测点分布如图 3.10 所示。

  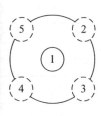

(a) 混合料摊铺温度检测　　　(b) PQI301 检测密实度　　　(c) 测点位置分布

图 3.10　密实度检测试验过程与测点分布

试验段中设定摊铺厚度为 50 mm，摊铺机行驶速度为 2 m/min。振捣机构的工作频率为恒定值，试验中不改变。振动机构设置为不同频率进行摊铺密实度试验，采用校正的无核密度仪在刚摊铺完成且尚未碾压的铺层上进行密实度检测。AC - 16 和 SMA - 13 沥青混合料的试验振动频率如表 3.4 所示。

表 3.4　试验中振动机构振动频率

混合料类型	振动频率/Hz							
AC - 16	—	7	14	18	26	33	39	42
SMA - 13	0	10	20	—	30	35	40	45

根据无核密度仪采集的数据，分别计算每一振动频率下密实度均值和标准差，如式(3.19)和式(3.20)所示。

$$\bar{p} = \frac{1}{n_0} \sum_{i=1}^{n_0} p_i \tag{3.19}$$

$$\sigma = \sqrt{\frac{1}{n_0 - 1} \sum_{i=1}^{n_0} (p_i - \bar{p})^2} \tag{3.20}$$

式中：p_i——某一振动频率下的单次检测密度，单位为 kg/cm^3；

$\bar{p}$——某一振动频率下的密度均值，单位为 kg/cm^3；

σ——某一振动频率下密度的标准差，单位为 kg/cm^3；

n_0——某一振动频率下的密度检测总次数。

根据数理统计原理可知，当置信宽度为 $\pm 3\sigma$ 时，对应密实度合格概率为 99.7%，大于 3σ 时的误差概率极小。为了保证数据的可靠性，在剔除区间 $(\bar{p}-3\sigma,\ \bar{p}+3\sigma)$ 外的数据后，得到不同振动频率下 AC-16 和 SMA-13 沥青混合料铺层的密实度，如表 3.5 和表 3.6 所示。

表 3.5　不同振动频率下 AC-16 沥青混合料铺层的密实度

振动频率/Hz	14	17	23	30	36	42	49
密度/(kg/cm³)	2185.2	2210.1	2205.1	2264.7	2277.2	2254.8	2249.8
密实度/%	87.9	88.9	88.7	91.1	91.6	90.7	90.5

表 3.6　不同振动频率下 SMA-13 沥青混合料铺层的密实度

振动频率/Hz	10	16	25	33	37	41	45
密度/(kg/cm³)	2063.1	2113.4	2239.2	2214.1	2264.4	2251.8	2251.8
密实度/%	82	84	89	88	90	89.5	89.5

由《公路沥青路面施工技术规范》(JTG F40—2004)可知，试验中使用的道路沥青摊铺温度不应低于 140℃，该施工温度范围内沥青混合料具有很好的压实特性。摊铺密实度与振动频率之间的关系是非线性的，仿真结果和试验数据之间存在偏差，采用最小二乘法对试验数据进行分析计算，求解混合料密实度理论模型式(3.15)中的模型参数 P_d、p_z 和 ζ，选用的 lqcurvefit 函数如式(3.21)所示。

$$\min_x \ \left\| F(x,\ x\,\text{data}) - y\,\text{data} \right\|_2^2 = \min_x \sum_i \left[F(x,\ x\,\text{data}_i) - y\,\text{data}_i \right]^2$$

(3.21)

式中：$x\,\text{data}$——试验采用的振动频率，如表 3.4 所示，单位为 Hz；

$y\,\text{data}$——无核密度仪检测的密实度；

$x\,\text{data}_i$——试验过程中选定的某一振动频率，单位为 Hz；

$y\,\text{data}_i$——试验过程中选定的某一振动频率下无核密度仪检测密实度。

根据表 3.5 和表 3.6 中的试验数据以及混合料密实度与摊铺机振动频率关系式(3.15)，通过 lqcurvefit 函数计算可以得到 AC-16 和 SMA-13 两种沥青混合料摊铺后的密实度随振动频率变化的拟合曲线，如图 3.11 所示。

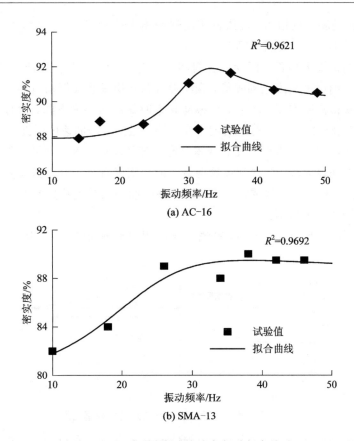

(a) AC-16

(b) SMA-13

图 3.11　两种混合料密实度与振动频率关系

图 3.11 给出了在摊铺机不同振动频率下测量的密实度试验值与密实度仿真值的相关分析结果，最小二乘估计所得的模型参数如表 3.7 所示。

表 3.7　摊铺密实度与振动频率拟合参数值

混合料类型	P_d	p_z	ζ	R^2	残差项	振动频率/Hz	试验值/%	仿真值/%
AC-16	86.7	1.9	0.3	0.9621	0.195	42	90.7	91
SMA-13	80.7	7.6	0.5	0.9692	0.175	40	89.6	89.4

对比两种沥青混合料的仿真曲线和试验数据，可发现密实度的试验值和仿真值之间有很好的相关性，相关系数分别为 0.9621 和 0.9692，相应的残差项分别为 0.195 和 0.175。通过现场摊铺试验选取合适的 P_d、p_z 和 ζ 参数值，基于摊铺机熨平装置振动频率与混合料密实度与摊铺机振动频率关系式(3.15)，能够对不同类型混合料摊铺过后的密实度频率特性进行合理分析。

如图 3.11 所示，摊铺机振动机构的振动频率对混合料的密实度有显著影响，随着振动频率的增大，铺层密实度逐渐增大达到峰值密实度，之后随着振动频率的增加，密实度缓慢降低。

在摊铺机熨平装置对沥青混合料的压实过程中，存在着最佳振动频率值，在该频率下铺层密实度达到峰值，表明混合料在熨平装置振动机构的作用下可以快速地获得高密实度。低于最佳振动频率时铺层密实度下降，而且下降的速度快；高于最佳振动频率时密实度也在下降，但是下降的速度缓慢。

在最佳振动频率附近存在着获得高密实度的频率区间，如果能将摊铺机振动频率匹配在该区段，则摊铺过后混合料的密实度将高于其他振动频率下混合料的密实度，获得高密实摊铺效果，该频率区间称为摊铺机熨平装置对混合料的高密实振动频率范围。

对于 AC-16 沥青混合料，高密实振动频率范围如图 3.12 所示。

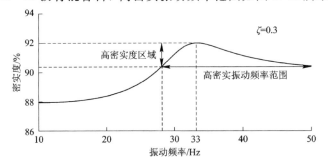

图 3.12　熨平装置对混合料的高密实频率范围

密实度和振动频率之间的关系表明，随着振动频率的增加，摊铺后的密实度整体呈增长趋势，之后密实度的变化趋于平缓，存在一个密实度达到最大值的振动频率(33 Hz)，该频率称为摊铺机熨平装置对 AC-16 混合料的最佳振动频率。当振动频率小于该频率时，密实度随着频率的增加而增加；当振动频率超过该频率时，铺层密实度随频率的增加缓慢变化，趋于平缓，摊铺层达到一个高摊铺密实度区段。

如图 3.12 所示，28～49 Hz 为摊铺机熨平装置对 AC-16 混合料的高密实振动频率范围，如果能将摊铺机的振动频率匹配在该区段，则摊铺过后混合料的密实度高于其他振动频率下混合料的密实度，同时密实度随振动频率波动变化均匀，混合料获得高密实效果。

在摊铺机振动压实过程中，最佳振动频率除了决定于振动机构外，还与材料组成有密切关系。对于连续级配混合料 AC-16，4.75 mm 筛孔通过率为 35.7%，沥青用量为 4.8%，高密实振动频率范围为 28～49 Hz，最佳振动频率出现在 33 Hz 左右；对于间断级配混合料 SMA-13，4.75 mm 筛孔通过率为 24.3%，沥青用量为 6.4%，高密实振动频率范围为 27～40 Hz，最佳振动频率出现在 30 Hz 左右。

SMA-13 的最佳振动频率小于 AC-16 的最佳振动频率，混合料 AC-16 与混合料 SMA-13 的沥青用量分别为 4.8% 和 6.4%，沥青用量增多，沥青对矿料的润滑效果增强，减小了材料颗粒之间的摩擦阻力，增加了混合料的可压实性，混合料显得更易密实成型。同时，间断级配混合料 SMA-13 的 4.75 mm 筛孔通过率为 24.7%，连续级配混合料 AC-16 的 4.75 mm 筛孔通过率为 35.7%，粗集料含量越多，压实混合料所需的振动频率越小，因此 SMA-13 的最佳振动频率小于 AC-16 的最佳振动频率。

进一步结合表 3.5 和表 3.6 中的试验结果与图 3.7 中熨平装置对混合料密实度频率特性曲线，得到熨平装置振幅对摊铺后路面密实度的影响，如图 3.13 所示。

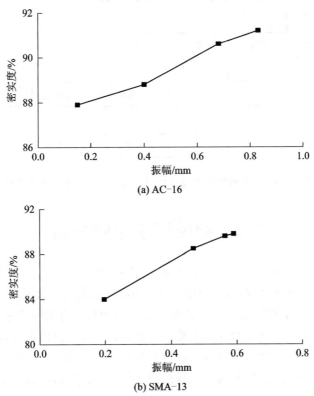

(a) AC-16

(b) SMA-13

图 3.13　两种混合料密实度与振幅关系

在图 3.13 中，随着熨平装置振幅的减小，会使沥青混合料路面摊铺后的密实度降低。振幅太小时，传递到铺层下方材料的压实能量减少，导致铺层密实度降低。为了提高摊铺后混合料的密实度,应增大熨平装置振幅,但是为了防止熨平装置对混合料产生过压实,破坏沥青混合的级配,造成沥青路面的压实不均匀,熨平装置的振幅应限制过大,不宜超过 0.9 mm。

　　综上所述,通过摊铺机熨平装置振动机构对混合料高密实成型的理论和试验研究,确定了混合料的最佳振动频率,主要包括熨平装置与混合料相互作用分析、材料密实度与振动频率关系构建、摊铺温度与振动参数选择、典型材料摊铺试验、数据非线性拟合等内容,得到了沥青混合料摊铺作业的高密实振动频率范围确定方法,如图 3.14 所示。

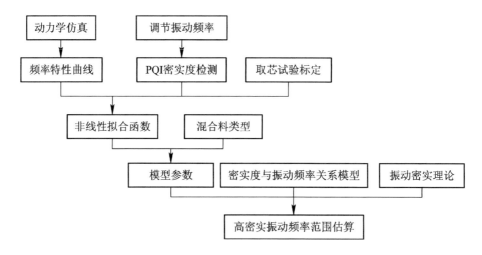

图 3.14　摊铺机对沥青混合料高密实振动频率确定方法流程

3.4　振捣因素试验分析

　　在摊铺机振动机构压实混合料之前,由于振捣机构参数的调节,沥青混合料在振捣机构作用后具有不同的密实度。当振捣机构和振动机构共同工作时,对于确定的夯锤结构尺寸,摊铺速度、振捣机构的工作频率和振捣冲程的变化,改变了夯锤作用于混合料的重叠振捣次数,经振捣机构作用后的混合料密实度也随之变化。当熨平装置进一步压实混合料时,由于振捣机构作用后的混合料密实度的不同,摊铺机熨平装置对混合料的高密实振动频率范围也会发生变化。

　　为了研究经振捣机构作用后的混合料密实度的变化对熨平装置压实过程中混合料密实度的影响,可以根据图 3.11(a)中 AC - 16 混合料的最佳振动频率(33 Hz,此频率下经振捣机构作用后的混合料的密实度为 88% 左右),并结合式(3.18)最佳振动频率与混合料刚度之间的关系,得到反映混合料不同密实度时混合料刚度的变化,由此可进一步得到混合料不同刚度时对应的最佳振动频率,如图 3.15 所示。

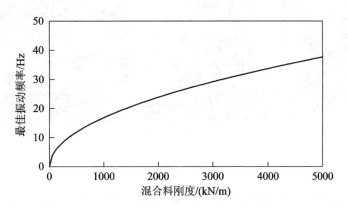

图 3.15　最佳振动频率与混合料刚度关系

随着混合料刚度的增加,熨平装置对混合料的最佳振动频率在增大,当混合料刚度很小时,可认为在振动机构的作用下该混合料不存在最佳振动频率。熨平装置对沥青混合料的密实成型是在振捣机构和振动机构的共同作用下完成的,振捣机构作用后混合料密实度的变化改变了铺层的刚度,从而影响振动机构最佳振动频率的选择,并最终影响混合料高密实成型。下面将进一步研究混合料在不同密实度时的最佳振动频率。

3.5　振动作业模拟试验

3.5.1　试验系统设计

本试验研究当混合料具有不同密实度时,振动压实过程中振动频率对混合料密实度的影响,分析混合料密实度的增长量与沥青混合料特性和加载参数之间的关系。通过改变加载频率、混合料初始密实度和混合料类型,进行沥青混合料的 MTS 压缩试验研究。

试验材料选用与 3.3 节中相同级配、沥青材料及沥青用量的混合料。对连续级配 AC-16 沥青混合料进行变参数分析,试验采用的设备为 MTS-810 型电液伺服试验机,数据采集系统自动进行数据实时采集和存储,加载模式以模拟沥青路面摊铺过程为基础,室内温度控制在 16℃～22℃。

混合料试件筒、MTS 试验机和数采系统如图 3.16 所示。

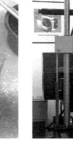

(a) 试件筒　　　　　　(b) MTS 试验机　　　　　　(c) 数采系统

图 3.16　振动压实成型室内试验设备

试验分为三步进行，首先将松散沥青混合料转入直径为 12 cm 的试件筒中，记录混合料质量和在试件筒中的初始高度；其次设置加载方式和时间，包括加载力、加载频率（每一次加载的时间间隔）和加载时间；最后利用 MTS 压头对混合料进行压缩试验。在正式加载之前，先把试件筒中的沥青混合料捣平，压头与试件筒轴向对中，进行接触初压，之后按照设计好的加载方式进行试验，使混合料达到密实成型。

由于加载方式和加载时间的改变，采集的数据也随之改变。利用 MTS 试验机的外接计算机，可以在试验过程中自动采集和存储数据。为了提高试验精度，采样间隔设置为 0.01 s。试验过程中记录的内容包括压实过程中的压力、加载时间及混合料的压缩量，即压实过程中混合料的变形量。

3.5.2　加载模式设置

考虑到路面摊铺速度，设置总压实时间为 120 s；根据熨平装置对混合料的压实力，设置简谐加载力峰值为 4.2 kN；根据摊铺机振动机构的频率可调节范围 0～50 Hz，设置试验加载频率，试验中观察数据波动较大时对应的加载频率，并在该频率附近进行多次试验，确定 AC-16 沥青混合料的试验加载频率，如表 3.8 所示。

表 3.8　试验加载频率

混合料类型	加载频率/Hz												
AC-16	5	15	17	19	21	25	27	30	33	34	35	38	40

3.5.3　试验结果分析

取相同质量的松散混合料，分别进行相同程度的初步捣实，混合料在试件筒中具有初始高度和初始密度。改变加载频率进行压实试验，得到不同加载频率下混合料的压缩量。采用 Origin 软件对采集的数据进行处理，得到沥青混合料压缩量随加载时间和加载次数的变化曲线，分别如图 3.17 和图 3.18 所示。

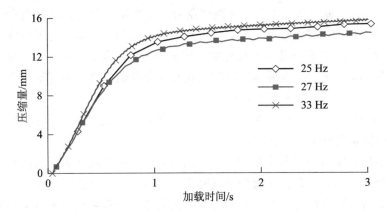

图 3.17　不同频率下压缩量与加载时间关系

图 3.17 为混合料压缩量随加载时间变化曲线。在加载初始阶段，加载频率越高，混合料的压缩量越大。这是由于初始压实阶段混合料空隙率大，加载频率越高，单位时间内作用于混合料的加载次数越多，越易密实。随着加载时间增加，不同加载频率下的混合料密度逐渐趋于平缓。高频加载可以使混合料更快地进入压缩量变化平缓期，压实效率高，混合料显得更易压实。

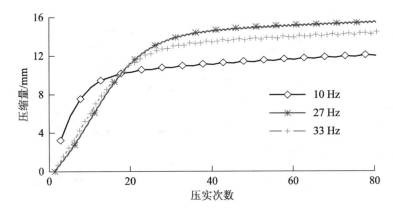

图 3.18　不同频率下压缩量与压实次数关系

图 3.18 表示在不同压实次数下,加载频率对混合料压缩量的影响规律存在差异。加载频率低,混合料压缩量增长快。随着压实次数增多,加载频率越高,混合料压缩量越大。

当熨平装置振捣机构和振动机构同时作用于沥青混合料时,在一定时间内,振捣机构作用于混合料的重叠振捣次数不同,振捣作用后的混合料密实度也不同,在振动机构的进一步压实作用下,混合料密实度的增长过程也存在差异。

3.3 节的研究表明,在进行摊铺作业时,熨平装置对沥青混合料存在高密实振动频率范围,越来越密实的混合料其刚度也在逐渐增大。为了研究具有不同密实度的混合料在振动压实过程中压缩量的变化,确定不同密实度混合料的高密实振动频率范围,需要通过改变加载前混合料钢筒内的沥青混合料初捣实密度,进行振动压实过程的对比试验。

不同初始密度下,沥青混合料压缩量与加载频率之间的关系如图 3.19 所示,图中初始密度 $p_1 < p_2 < p_3$。

混合料密度为 p_1(密实度 82%)时,随着加载频率的增大,混合料压缩量整体呈减小趋势。混合料密度为 p_2(密实度 88%)时,加载频率在 15~25 Hz 范围内,沥青混合料的压缩量大于其他加载频率下的压缩量,表明该频率范围内沥青混合料振动压实作用明显,压实效率高。

混合料密度为 p_3(密实度 92%)时,混合料压缩量随着加载频率的增大整体呈增长趋势,频率在 30~40 Hz 之间时,混合料压缩量大于其他加载频率下的压缩量,振动压实效率高。结果表明,在振动压实过程中,随着混合料的密度逐渐增大,高密实振动频率随之增加。为了实现熨平装置对混合料的高密实摊铺成型,熨平装置的振动频率应随着振捣作用后混合料密实度的变化进行调节。

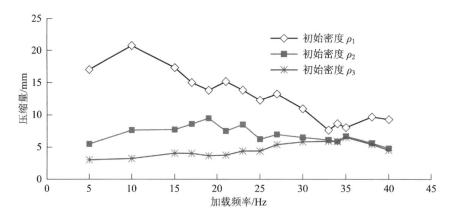

图 3.19 不同密实度下压缩量与加载频率关系

3.6　本 章 小 结

本章研究了摊铺机振捣机构和振动机构对沥青混合料高密实成型的影响，基于振捣机构作用后混合料的密实度，对振动压实系统动力学和材料密实度与振动频率之间的关系进行理论分析，通过摊铺过程振动压实试验和沥青混合料振动压实试验，确定了混合料不同密实度时的高密实振动频率范围，验证了铺层混合料最佳振动频率的计算方法，得到如下主要结论：

（1）基于振捣机构的工作频率、摊铺速度、夯锤结构参数与重叠振捣次数之间的关系，考虑了振捣冲程和铺层厚度对振捣作用后混合料密实度的影响，建立了摊铺速度、振捣机构工作频率、夯锤结构参数与振捣作用后沥青混合料密实度的数学关系模型。夯锤作用于混合料的重叠振捣次数增加，密实度增大，前期增长速率较快，后期增长速率逐渐减慢。振捣冲程影响振捣作用后混合料所能获得的最高密实度，冲程增大混合料更容易压实。摊铺速度影响密实度的增长过程，速度减小密实度更早进入密实度增长平缓期。振捣冲程和摊铺速度共同决定了密实度随振捣频率的变化过程，为保证捣实质量，重叠振捣次数不应少于 3 次。为提高振捣作用后混合料的密实度，需要调节振捣频率和摊铺速度，并增加重叠振捣次数。

（2）摊铺机作业时，熨平装置对每种混合料都存在着最佳振动频率，在该频率下混合料可获得峰值密实度。随着混合料中沥青含量的增加，粗集料比例增大，最佳振动频率应降低。振捣机构作用后混合料密实度增加，混合料刚度增大，最佳振动频率也随之增大。即混合料的性质影响振动压实过程，最佳振动频率的选择应考虑"机械—材料"系统的频率特性。

（3）在最佳振动频率两侧，频率变化对摊铺密实度的影响程度明显不同，振动频率低于最佳振动频率时，密实度随频率增加快速增大；振动频率高于最佳振动频率时，密实度随频率增加缓慢减小，并趋于平缓。在最佳振动频率附近存在着高密实频率范围，摊铺作业时振动频率设置在该范围内可提高混合料密实度，为不同沥青混合料实现高密实成型的摊铺参数选择提供理论依据。

（4）通过仿真与摊铺过程振动压实试验表明：AC-16 混合料的最佳振动频率在 33 Hz 左右；SMA-13 混合料的最佳振动频率在 30 Hz 左右，小于 AC-16 的最佳振动频率。该研究结果对 SMA 和 AC 两类典型混合料的施工具有实际的指导意义。

　　(5) 沥青混合料室内压实特性试验表明：随着混合料密实度的增大，相应的最佳振动频率增加。对于 AC-16 混合料，混合料密实度在 82%～88% 左右时，高密实振动频率范围为 15～25 Hz；当混合料密实度在 88%～92% 左右时，高密实振动频率范围为 30～40 Hz。这为不同密实度混合料摊铺参数的选择提供了参考。为了提高混合料密实度和振动压实效率，摊铺机振动频率应随着振捣作用后混合料的密实度进行调节，实现摊铺机对混合料的高密实成型。

第 4 章　摊铺机熨平装置振动作业均匀性

在进行高密实摊铺作业时，熨平装置振动和铺层厚度的变化会影响沥青混合料摊铺密实度的分布均匀性，包括密实度纵向和横向分布均匀性。控制密实度分布均匀性是保证路面建设质量和使用寿命的关键。为了提高摊铺密实度分布均匀性，需要通过自动调平熨平装置运动学分析，得到影响沥青混合料摊铺厚度的因素，确定调平传感器的安装位置；基于摊铺机熨平装置动力学模型，研究熨平装置振动对摊铺密实度横向分布均匀性的影响规律；针对摊铺和碾压过后密实度的横向分布特征，进行高密实成型路面压实均匀性的影响因素分析，得到确保高密实成型路面密实度分布均匀性的摊铺参数范围。

4.1　纵向均匀性研究

4.1.1　熨平装置运动学分析

为了提高沥青路面摊铺质量，需要在熨平装置上装备自动调平系统。在进行摊铺作业时，由于铺层厚度的变化，熨平装置下方铺层的实际高度与设定的基准值之间存在偏差。当自动调平装置通过传感器检测到该偏差后，将其转变成电信号并传输到控制器。控制器根据偏差方向，通过传输频率信号控制电磁阀，改变自动调平装置的液压缸上下油腔的油路通断，同时控制器根据判断出的偏差大小，控制熨平装置牵引点产生响应位移，使得铺层厚度随之变化，偏差被消除。

根据浮动熨平装置的工作原理可知，当摊铺层高程发生变化时，调平装置的输出响应信号不会立即发生，需要经过一定时间后才会逐渐达到完全响应。传感器检测的信号与控制器输出的信号在时间上存在滞后，摊铺厚度的响应结果滞后于厚度调节信号，同时滞后时间的长短与控制信号的响应位置、检测信号种类密切相关。

为了研究路面不平整的形成机理，并在此情况下进行摊铺机熨平装置的运动过程，需作出以下假设：摊铺机恒速行驶，摊铺机熨平装置受力处于平衡的状态；熨平装置自动找平系统的控制器能及时准确地响应输入信号。熨平装置运动分析示意图如图 4.1 所示。

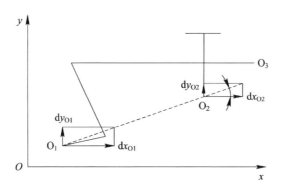

图 4.1　熨平装置运动分析示意图

图中：O_1 点的坐标是$(x_{O1}，y_{O1})$，代表信号的输出端，即熨平装置后沿位置；

　　　　O_2 点的坐标是$(x_{O2}，y_{O2})$，代表信号的输入端，即传感器安装位置；

　　　　O_3 点的坐标为$(x_{O3}，y_{O3})$，为熨平装置的牵引点。

　　　　O_1 位置的位移变化在横坐标上的投影为 $\mathrm{d}x_{O1}$，在纵坐标上的投影为 $\mathrm{d}y_{O1}$；

　　　　O_2 点的位移在横坐标的投影为 $\mathrm{d}x_{O2}$，在纵坐标的投影为 $\mathrm{d}y_{O2}$。

　　记信号输出端 O_1 和信号输入端 O_2 点的连线与 x 正方向的夹角为 ϕ_1，分析运动规律时，根据杆件不可伸缩原理：

$$\frac{\mathrm{d}y_{O1}}{\sin(\phi_1)} = \frac{\mathrm{d}x_{O2}}{\cos(\phi_1)} \tag{4.1}$$

得到信号输出端 O_1 点的位移在 $O_1 O_2$ 连线上的投影：

$$\mathrm{d}y_{O1} = \frac{\sin(\phi_1)}{\cos(\phi_1)} \cdot \mathrm{d}x_{O2} = \tan(\phi_1) \cdot \mathrm{d}x_{O2} = \frac{y_{O2}-y_{O1}}{x_{O2}-x_{O1}} \cdot \mathrm{d}x_{O2}$$

$$= \frac{y_{O2}-y_{O1}}{UL\cos(\phi_2)} \mathrm{d}x_{O2} \tag{4.2}$$

即

$$\mathrm{d}y_{O1} = \frac{y_{O2}-y_{O1}}{UL\cos(\phi_2)} \mathrm{d}x_{O2}$$

式中：$\mathrm{d}y_{O1}$——信号输出端 O_1 点在横坐标的变化量；

　　　$\mathrm{d}x_{O2}$——信号输入端 O_2 点在纵坐标的变化量；

　　　L——O_1 点与 O_3 点之间的距离，即熨平装置的大臂长度，单位为 m；

　　　U——调平传感器安装位置到熨平装置后沿的距离与大臂长度的比值（即 $O_1 O_2 / O_1 O_3$），取值范围为 0～1；

ϕ_2——熨平装置大臂与地面的夹角,单位为度。

将式(4.2)两边除以时间变化量 dt,得到

$$\dot{y}_{O1} + \frac{v}{UL\cos(\phi_2)}y_{O1} - \frac{v}{UL\cos(\phi_2)}y_{O2} = 0 \qquad (4.3)$$

式(4.3)的通解如式(4.4)所示。

$$y_{O1} = e^{-\frac{vt}{UL\cos(\phi_2)}}\left[\frac{v}{UL\cos(\phi_2)}\int_0^t (y_{O2} \cdot e^{\frac{vt}{UL\cos(\phi_2)}}) + b\right] \qquad (4.4)$$

式(4.4)为摊铺机自动调平熨平装置的运动学分析模型,摊铺机稳定作业时的夹角 ϕ_2 基本恒定,熨平装置大臂长度 L 为常数,因此信号输出响应 y_{O2} 与调平传感器的安装位置 U、摊铺机的作业速度 v 以及输入函数类型等参数密切相关。

4.1.2　纵向振动幅值响应分析

进行摊铺作业时,自动调平传感器的基准采用下承层或拉线基准时,作用于熨平装置的激振力均可看作正弦输入信号。因此,采用正弦函数作为熨平装置自动调平系统的一种典型输入信号进行运动过程模拟。正弦输入信号函数 $y_{O2} = A_{O2}\sin(\omega_1 t)$,其中 A_{O2} 为输入正弦函数的振幅,单位为 mm;ω_1 为输入正弦信号的角频率,单位为 rad/min;t 为摊铺作业时间,单位为 min。将正弦输入信号函数代入式(4.4)中所得的结果如式(4.5)所示,经过积分运算后的结果如式(4.6)所示。

$$y_{O1} = e^{-\frac{vt}{UL\cos(\phi_2)}}\left[\frac{v}{UL\cos(\phi_2)}\int_0^t (A_{O2}\sin(\omega_1 t) \cdot e^{\frac{vt}{UL\cos(\phi_2)}}) + b\right] \qquad (4.5)$$

$$y_{O1} = e^{-\frac{vt}{UL\cos(\phi_2)}}\left\{\frac{A_{O2}v}{UL\cos(\phi_2)}\left[\frac{e^{\frac{vt}{UL\cos(\phi_2)}} \cdot \left(\frac{v\sin(\omega_1 t)}{UL\cos(\phi_2)} - \omega_1\cos(\omega_1 t)\right)}{\frac{v^2}{(UL\cos(\phi_2))^2}}\right]_0^t + b\right\} \qquad (4.6)$$

此时,可令 $(v/UL\cos(\phi_2)) = A_{O1}\sin(\phi_3)$,$\omega_1 = A_{O1}\sin(\phi_3)$,则有式(4.7)。

$$\frac{v}{UL\cos(\phi_2)}\sin(\omega_1 t) - \omega_1\cos(\omega_1 t) = A_{O2}\sin(\omega_1 t - \phi_3) \qquad (4.7)$$

上式中参数 A_{O2} 和 ϕ_3 分别如式(4.8)和式(4.9)所示。

$$A_{O2} = \sqrt{\left(\frac{v}{UL\cos(\phi_2)}\right)^2 + \omega_1^2} \qquad (4.8)$$

$$\phi_3 = \arctan\left(\frac{UL\omega_1\cos(\phi_2)}{v}\right) \qquad (4.9)$$

将式(4.8)和式(4.9)代入式(4.6)中的结果如式(4.10)所示。

$$y_{O1}=\mathrm{e}^{-\frac{vt}{UL\cos(\phi_2)}}\left\{\frac{A_{O2}v}{UL\cos(\phi_2)}\left[\frac{\frac{\mathrm{e}^{\frac{vt}{UL\cos(\phi_2)}}}{\frac{v^2}{(UL\cos(\phi_2))^2}}\cdot A_{O1}\sin(\omega_1 t-\phi_3)}{}\right]_0^t+b\right\}$$

$$=\frac{A_{O2}}{\sqrt{1+\left(UL\omega_1\cos\frac{(\phi_2)}{v}\right)^2}}\left[\sin(\omega_1 t-\phi_3)-\mathrm{e}^{-\frac{vt}{UL\cos(\phi_2)}}\sin(\phi_3)\right]+b\mathrm{e}^{-\frac{vt}{UL\cos(\phi_2)}}$$

$$(4.10)$$

考虑到初始条件 $t=0$ 时，$\Delta y_{O1}=0$，则式(4.10)的积分常数 $b=0$。因此，式(4.10)的特解如式(4.11)所示，式中括号内第 1 项为稳态分量，第 2 项为瞬态分量。

$$y_{O1}=\frac{A_{O2}}{\sqrt{1+\left(UL\omega_1\cos\frac{(\phi_2)}{v}\right)^2}}\left[\sin(\omega_1 t-\phi_3)-\mathrm{e}^{-\frac{vt}{UL\cos(\phi_2)}}\sin(\phi_3)\right] \quad (4.11)$$

在正弦激振力下熨平装置的稳态响应如式(4.12)所示。

$$y_{O1}=\frac{A_{O2}}{\sqrt{1+\left(UL\omega_1\cos\frac{(\phi_2)}{v}\right)^2}}\sin(\omega_1 t-\phi_3) \quad (4.12)$$

由式(4.12)可知，熨平装置响应结果仍是正弦函数，但在相位上滞后一个 ϕ_3 角。响应振幅也存在衰减，熨平装置的结构和工作参数决定了衰减的变化。

对于作业中的摊铺机而言，熨平装置大臂长度在 x 轴的投影 $L\cos(\phi_2)$ 是定值（$L=2.5\ \mathrm{m}$，$\phi_2=5°$），则振幅的衰减程度取决于调平传感器安装位置 U、摊铺速度 v 和输入信号 y_{O2} 的变化频率 ω_1。

绘制在常用摊铺作业速度时（$v=2\ \mathrm{m/min}$），调平传感器的安装位置 U（U 分别为 1、1/2、1/3、1/4、1/5、0）和输入函数 y_{O2} 的变化频率 ω_1（分别为 5 rad/min、10 rad/min、20 rad/min、50 rad/min）对输出函数 y_{O1} 的影响曲线，如图 4.2 所示。

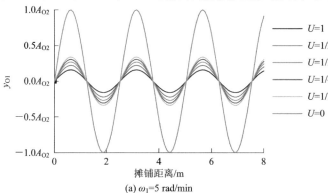

(a) ω_1=5 rad/min

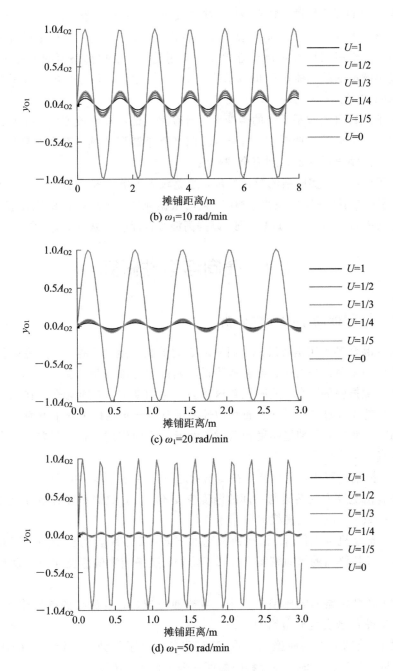

(b) ω_1=10 rad/min

(c) ω_1=20 rad/min

(d) ω_1=50 rad/min

图 4.2　U 和 ω_1 对输出响应的影响曲线

图中曲线表明：自动调平熨平装置对下承层的变化有滤波作用，滤波效果受输入函数的频率影响，频率越低，滤波效果越差；频率越高，滤波效果越好。调平传感器的安装位置 U 值会显著影响输出响应，U 值越大，效果越好。

通常摊铺机出厂时的 U 值建议在 1/3 附近，为了提高路面的摊铺平整度，根据输出响应曲线，推荐 U 的取值在 1/3～1/2 之间，并可兼顾对熨平装置干扰的抑制作用。

对于配置自动调平系统的摊铺机，当检测到铺层厚度改变时，会通过调节传感器高度来调整摊铺厚度，由于自动调平熨平装置的调节存在滞后性，需要经过一定的距离后才能达到完全的响应。

为了保证高密实成型的摊铺厚度，避免较大的响应滞后引起纵向压实不均匀，应缩短调节距离，实现快速响应，此时根据摊铺机出厂时 U 的推荐值(1/3)，可适当减小 U 值到 1/3～1/4 之间，以提高混合料铺层的纵向压实均匀性。

4.2　横向均匀性研究

4.2.1　横向振动不均匀性分析

沥青混合料压实是通过混合料颗粒之间的相对运动获得的，应变幅值是获得密实度的重要参数之一。当熨平装置周期振动力施加到沥青混合料上时，根据熨平装置振幅的变化，此时混合料便会产生周期剪切应变幅值。在摊铺过程中，影响混合料密实度横向分布均匀性的因素主要包括以下几个方面：

（1）摊铺机熨平装置刚度较低时，由于自重的作用，沿宽度方向存在两边低中间高的分布状态；

（2）摊铺过程中，熨平装置在高温状态下产生热变形，由于温度差的影响，熨平装置沿宽度方向两边与中间的温度应变不同，导致熨平装置下方混合料的用量不一致，造成密实度横向分布不均匀；

（3）振动机构工作时，沿摊铺机宽度方向，熨平装置的振动加速度和振幅不一致，导致路面的横向密实度分布不均匀，熨平装置响应位移与振动频率密切相关；

（4）在沥青路面的成型过程中，当摊铺完成后，若后续的碾压作业不当，也会影响路面密实度分布均匀性。

根据《公路沥青路面施工技术规范》可知，为了保证沥青混合料的压实特性，在进行摊铺作业时，混合料的温度一般不低于 140℃。

熨平装置在自重作用和高温下更易发生横向变形，使铺层产生横向压实不均的现象，造成熨平装置下方混合料压缩量的不一致，如图 4.3 所示。

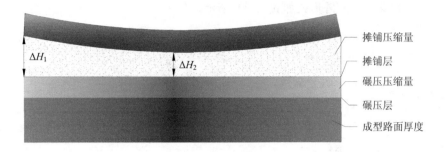

图 4.3　摊铺和碾压过程中铺层厚度变化

设熨平装置对混合料的压缩量分别为 ΔH_1 和 ΔH_2，铺层厚度的不均会造成熨平装置下方混合料刚度的不一致，使得摊铺后路面密实度的分布不均匀。

为了保证密实度分布均匀性，需要研究熨平装置两边刚度差对摊铺机熨平装置横向振动及密实度的影响。

4.2.2　横向振动幅值响应分析

在沥青路面施工中，摊铺机振动机构主要采用的是单偏心激振，熨平装置由基础板和加长板组成，考虑到熨平装置的质量 m 及相应的横向转动惯量 J，熨平装置和振动轴在摊铺机上应对称布置。

熨平装置中间温度高造成横向变形不均匀，导致熨平装置下方混合料刚度的不一致，混合料的刚度会受到路面密实度和摊铺厚度的影响。假定被压混合料是各向同性的，熨平装置与混合料的相互作用力简化为弹性力和阻尼力之和，弹性力由刚度系数 k_{01} 和 k_{02} 确定，阻尼力由阻尼系数 c_{01} 和 c_{02} 确定。

两个弹性力和阻尼力对称分布在同一垂直表面，以振动平衡位置为坐标原点，振动熨平装置与混合料相互作用动力学方程如式(4.13)所示。

$$\begin{cases} m\ddot{x} + (c_{01}+c_{02})\dot{x} - (c_{02}-c_{01})L\dot{\theta} + (k_{01}+k_{02})x - (k_{02}-k_{01})L\theta = Q(t) \\ J\ddot{\theta} - (c_{02}-c_{01})L\dot{x} + (c_{01}+c_{02})L^2\dot{\theta} - (k_{02}-k_{01})Lx + (k_{01}+k_{02})\mu L^2\theta = 0 \end{cases}$$

$$(4.13)$$

式中：x——熨平板垂直位移；

　　　$\dot{x}$——熨平板垂直速度；

　　　$\ddot{x}$——熨平装置质心位移加速度；

　　　$\ddot{\theta}$——熨平装置质心角加速度；

　　　L——熨平装置端部到熨平装置质心的距离。

为了计算简便，记 $u_1 = k_{01}+k_{02}$、$u_2 = k_{02}-k_{01}$、$u_3 = c_{02}-c_{01}$、$u_4 = c_{01}+c_{02}$，

式(4.13)简化后的矩阵形式如式(4.14)所示。

$$\begin{bmatrix} m\ddot{x} \\ J\ddot{\theta} \end{bmatrix} + \begin{bmatrix} u_4 & -u_3L \\ -u_3L & u_4L^2 \end{bmatrix} \begin{bmatrix} \dot{x} \\ \dot{\theta} \end{bmatrix} + \begin{bmatrix} u_1 & -u_2L \\ -u_2L & \mu u_1L^2 \end{bmatrix} \begin{bmatrix} x \\ \theta \end{bmatrix} = \begin{bmatrix} Q(t) \\ 0 \end{bmatrix} \quad (4.14)$$

记 $Z(\omega_z) = \begin{bmatrix} i\omega_z u_4 + u_1 - \omega_z^2 m & -i\omega_z u_3 L - u_2 L \\ -i\omega_z u_3 L - u_2 L & i\omega_z u_4 L^2 + \mu u_1 L^2 - J\omega_z^2 \end{bmatrix}$。

在简谐振动激振力 $Q(t) = Q_0 e^{j\omega_z t}$ 的作用下，得到微分方程的稳态响应幅值，如式(4.15)所示。

$$\begin{cases} |X(\omega_z)e^{-i\varphi}| = Q_0 \sqrt{\dfrac{(\mu u_1 L^2 - J\omega_z^2)^2 + \omega_z^2 (u_4 L^2)^2}{\{\text{Re}\{\det[Z(\omega_z)]\}\}^2 + \{\text{Im}\{\det[Z(\omega_z)]\}\}^2}} \\ |\Theta(\omega_z)e^{-i\varphi}| = Q_0 \sqrt{\dfrac{(u_2 L)^2 + \omega_z^2 (u_3 L)^2}{\{\text{Re}\{\det[Z(\omega_z)]\}\}^2 + \{\text{Im}\{\det[Z(\omega_z)]\}\}^2}} \end{cases}$$

$$(4.15)$$

根据作用力与反作用力，熨平装置与沥青混合料的相互作用过程可用相互作用力与力矩表示，如式(4.16)和式(4.17)所示。

$$F_c(t) = kx + c\dot{x} = (k + i\omega_z c)X e^{i(\omega_z t - \varphi)} \quad (4.16)$$

$$M_c(t) = k_0\theta L + c_0\dot{\theta}L = (k_0 + i\omega_z c_0)L\Theta e^{i(\omega_z t - \varphi)} \quad (4.17)$$

力和力矩的幅值分别见式(4.18)和式(4.19)。

$$F_c = Q_0 \sqrt{\frac{(0.25u_1^2 + 0.25\omega_z^2 u_4^2)[(\mu u_1 L^2 - J\omega_z^2)^2 + \omega_z^2(u_4 L^2)^2]}{\{\text{Re}\{\det[Z(\omega_z)]\}\}^2 + \{\text{Im}\{\det[Z(\omega_z)]\}\}^2}} \quad (4.18)$$

$$M_c = Q_0 L \sqrt{\frac{(0.25u_2^2 + 0.25\omega_z^2 u_3^2)[(u_2 L)^2 + \omega_z^2(u_3 L)^2]}{\{\text{Re}\{\det[Z(\omega_z)]\}\}^2 + \{\text{Im}\{\det[Z(\omega_z)]\}\}^2}} \quad (4.19)$$

力的幅值与振动机构激振力幅值 Q_0 的比值为作用力系数 FTR，通过作用力系数可以反映振动机构激振力对沥青混合料的压实影响程度，同理可得作用力矩系数 MTR，分别见式(4.20)和式(4.21)。

$$\text{FTR} = \left| \frac{F_c}{Q_0} \right| = \sqrt{\frac{(0.25u_1^2 + 0.25\omega_z^2 u_4^2)[(\mu u_1 L^2 - J\omega_z^2)^2 + \omega_z^2(u_4 L^2)^2]}{\{\text{Re}\{\det[Z(\omega_z)]\}\}^2 + \{\text{Im}\{\det[Z(\omega_z)]\}\}^2}}$$

$$(4.20)$$

$$\text{MTR} = \left| \frac{M_c}{Q_0 L} \right| = \sqrt{\frac{(0.25u_2^2 + 0.25\omega_z^2 u_3^2)[(u_2 L)^2 + \omega_z^2(u_3 L)^2]}{\{\text{Re}\{\det[Z(\omega_z)]\}\}^2 + \{\text{Im}\{\det[Z(\omega_z)]\}\}^2}} \quad (4.21)$$

影响振动压实系统的熨平板振动响应评价指标 FTR 和 MTR 的主要因素有熨平板装置质量、铺层密实度的变化、熨平装置下方横向密实度的分布等。接下来定量分析铺层刚度对熨平板压实分布均匀性的影响，熨平板质量和沥青混合料的阻尼设定为常数,竖向刚度之和 u_1 和垂直刚度的差值 u_2 分别取不同值,FTR 和 MTR 的变化如图 4.4 所示。

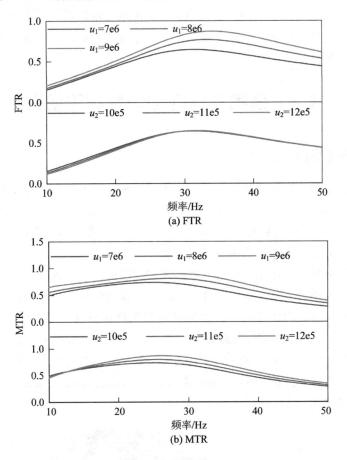

(a) FTR

(b) MTR

图 4.4　刚度变化对熨平板压实分布均匀性的影响

　　如图 4.4(a)所示,作用力系数随振动频率的变化会达到一个峰值,此时振动能量被传递到铺层混合料中。在路面施工过程中,松散沥青混合料逐渐变得密实,混合料刚度增大,作用力随之增加。但过大的作用力会对混合料产生过压,破坏沥青混合的级配,造成沥青路面的压实不均匀,反过来影响压实质量,因此存在一个频率范围,可以使得混合料刚度的改变几乎不影响振动作用力的大小。

　　由图 4.4(b)可知,作用力矩系数随振动频率的变化会达到一个峰值。作用力矩系数与熨平装置下方两端的铺层不一致变形呈正相关,为了保证铺层密实度分布均匀性,这种变形的不一致性是有害的。刚度差的变化对作用力矩的影响规律为：随着刚度差的增加，最大作用力矩系数对应的峰值振动频率在增大。

仿真结果表明，k_{01} 和 k_{02} 的差值越大，作用力系数越大，摊铺作用后路面密实度越不均匀，需要减小熨平装置下方混合料的变形，提高摊铺密实度和密实度分布均匀性。

4.3　横向与纵向均匀性试验研究

4.3.1　试验材料与内容

该试验段沥青面层采用与 3.3 节中相同级配、相同沥青材料及沥青用量的 AC-16 混合料，混合料采用 SBS(I-C)聚合物改性沥青，加工改性沥青的基质沥青采用 A 级 90 号道路石油沥青，粗集料采用乌兰察布市生产的玄武岩碎石，细集料采用苏尼特左旗生产的石灰岩碎石。

为了研究摊铺和碾压结束后的铺层密实度沿横向和纵向分布的均匀性，试验内容包括摊铺密实度分布均匀性和压路机碾压均匀性，压实作业采用 3 台卡特 CB534D 型双钢轮压路机和 1 台 XP301 型轮胎压路机。

试验段为内蒙二连浩特公路 K71+000～500，长度为 500 m，宽度为 6.75 m，铺层厚度为 50 mm。在摊铺和压实作业后，采用校正的无核密度仪检测铺层密实度。考虑到熨平装置的热变形和振幅的变化，将横向测试间隔设置为 0.75 m，测点分布如图 4.5(a)所示。

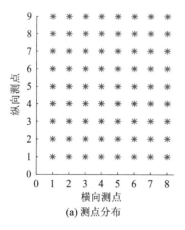

(a) 测点分布

(b) 摊铺过程

图 4.5　沥青铺层测点分布和摊铺过程

4.3.2　均匀性分布对比分析

　　沥青路面横向和纵向密实度的分布均匀性主要体现在两个方面：密实度的波动程度和不合格区域的分布特征。通过统计分析可以定性地分析沥青混合料压实均匀度的波动程度，评价纵向密实度分布指标极差 R_i、标准差 SD_i、平均值 AVG_i 和变异系数 CV_i，评价横向密实度分布指标极差 R_j、标准差 SD_j、平均值 AVG_j 和变异系数 CV_j，其定义分别见式（4.22）～式（4.25）。

$$\begin{cases} R_i = \max(P_{i1}, P_{i2}, \cdots, P_{it}) - \min(P_{i1}, P_{i2}, \cdots, P_{it}) \\ R_j = \max(P_{1j}, P_{2j}, \cdots, P_{rj}) - \min(P_{1j}, P_{2j}, \cdots, P_{rj}) \end{cases} \quad (4.22)$$

式中：R_i——第 i 个横向测点位置处的纵向密实度波动值；

　　　　R_j——第 j 个纵向测点位置处的横向密实度波动值；

　　　　P_{ij}——第 i 个横向测点位置处的第 j 个纵向密实度；

　　　　t——第 i 个横向测点位置处的检测密实度个数，本次试验 $t=9$；

　　　　r——第 j 个纵向测点位置处的检测密实度个数，本次试验 $r=8$。

　　极差可以反映一组密实度数据波动的范围，代表某一横向或纵向的最大密度和最小密度之间的差异。极差值越大，测试密度的分散程度越大。在本书中，纵向密实度平均值 AVG_i 与横向密实度平均值 AVG_j 是对检测密实度中心趋势的度量，其定义如式（4.23）所示。

$$\begin{cases} AVG_i = \dfrac{1}{t} \sum_{j=1}^{t} P_{ij} \\ AVG_j = \dfrac{1}{r} \sum_{i=1}^{r} P_{ij} \end{cases} \quad (4.23)$$

式中：AVG_i——第 i 个横向测点位置处的纵向密实度平均值；

　　　　AVG_j——第 j 个纵向测点位置处的横向密实度平均值。

　　标准差是用来量化检测密实度波动的一个度量，标准差接近 0 表明检测密实度趋近于平均值，铺层具有良好的密实度分布均匀性，标准差定义如式（4.24）所示。

$$\begin{cases} SD_i = \sqrt{\dfrac{1}{t-1} \sum_{j=1}^{t} (P_{ij} - AVG_i)^2} \\ SD_j = \sqrt{\dfrac{1}{r-1} \sum_{i=1}^{t} (P_{ij} - AVG_j)^2} \end{cases} \quad (4.24)$$

式中：SD_i——第 i 个横向测点位置处的纵向密实度标准差；

SD$_j$——第 j 个纵向测点位置处的横向密实度标准差。

作为一个代表相对变化的指标，变异系数类似于标准差，它是独立于检测结果单位的代表密实度相对变化的标准化度量。变异系数 CV$_i$ 和 CV$_j$ 的定义如式(4.25)所示。

$$\begin{cases} CV_i = \dfrac{SD_i}{AVG_i} \\[2mm] CV_j = \dfrac{SD_j}{AVG_j} \end{cases} \tag{4.25}$$

式中：CV$_i$——第 i 个横向测点位置处的纵向密实度变异系数；

CV$_j$——第 j 个纵向测点位置处的横向密实度变异系数。

比较两组或两组以上数据的变化时，如果数据测量单位和平均值一致，则可以使用标准差来分析变异程度。如果单位或平均值不同，则不能用标准差来比较变异程度，而变异系数可以用来比较变异程度。

考虑到沥青铺层横向和纵向密实度分布的相互影响，应分析现场施工中检测区域的整体均匀性和非均匀现象的严重程度。某一位置测点的可重复性标准差 Sr、测点位置之间的密实度重复性标准差 SR、检测点密实度的均匀系数 CU 参数的定义分别如(4.26)~式(4.28)所示。

$$Sr = \sqrt{\dfrac{\sum\limits_{i=1}^{r} (SD_i)^2}{r}} \tag{4.26}$$

$$SR = \sqrt{(S_{AVG})^2 + (Sr)^2 \dfrac{t-1}{t}} \tag{4.27}$$

$$CU = \left(1 - \dfrac{\sum\limits_{j=1}^{t} |P_{ij} - AVG|}{\sum\limits_{j=1}^{t} P_{ij}}\right) \times 100\% \tag{4.28}$$

式中：AVG——试验段中所有测点密实度的平均值，$AVG = \dfrac{1}{rt} \sum\limits_{i=1}^{r} \sum\limits_{j=1}^{t} P_{ij}$，$d_i = AVG_i - AVG$，$S_{AVG} = \sqrt{\sum\limits_{i=1}^{r} \dfrac{d_i^2}{(r-1)}}$。

定量评价沥青路面密实度纵向、横向和整体分布均匀性，第 i 个横向测点处的密实度一致性统计 k_i 和横向测点 i 之间的密实度一致性统计 h_i，分别如式(4.29)和式(4.30)所示。

$$k_i = \frac{\mathrm{SD}_i}{\mathrm{Sr}} \tag{4.29}$$

$$h_i = \frac{d_i}{S_{\mathrm{AVG}_i}} \tag{4.30}$$

通过密实度一致性试验的临界值 k，可以确定测点位置横向密实度分布均匀性的可接受水平，通过给出密实度之间一致性试验的临界值 h，可以确定测点位置之间的横向密实度分布均匀性的可接受水平，它们的定义分别如式(4.31)和式(4.32)所示。

$$k = \sqrt{\frac{r}{1 + (r-1)/F}} \tag{4.31}$$

$$h = \frac{(r-1)T}{\sqrt{r(T^2 + r - 2)}} \tag{4.32}$$

式中：F——统计量，根据第一和第二自由度 $n_1 = t - 1$、$n_2 = (r-1)(t-1)$ 从
　　　　F 分布表获得；

　　　　T——统计量，根据自由度 $n_3 = r - 2$ 从 T 分布表计算得到。

根据上述密实度分布均匀性指标，基于横向 8 测点和纵向 9 测点的密实度分布均匀性检测方案，利用无核密度仪检测摊铺与碾压结束后的沥青路面密实度，定义检测密度与最大理论密度的百分比值为密实度，摊铺后的路面密实度分布与碾压后的路面密实度分布测试结果如图 4.6 所示。对试验结果进行分析计算，得到试验摊铺密实度和碾压密实度的纵向分布均匀性统计结果，如表 4.1 所示。

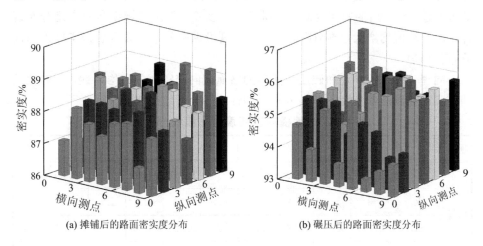

(a) 摊铺后的路面密实度分布　　　　　　(b) 碾压后的路面密实度分布

图 4.6　试验检测数据

表 4.1　试验纵向密实度分布统计分析结果

项目	横向测点	0.75(1)	1.5(2)	2.25(3)	3(4)	3.75(5)	5.25(6)	4.5(7)	6.0(8)	均值
摊铺	AVG_i/%	87.68	87.88	88.23	87.60	88.16	88.53	87.84	87.84	87.97
	R_i	1.0	1.6	1.8	1.7	1.8	2.2	1.7	1.7	1.69
	SD_i	0.376	0.498	0.535	0.437	0.534	0.544	0.452	0.457	0.4799
	CV_i/%	0.422	0.558	0.597	0.491	0.595	0.604	0.506	0.512	0.536
碾压	AVG_i/%	94.23	94.73	95.24	95.26	95.34	95.52	95.30	94.78	95.05
	R_i	2.3	1.4	2.5	1.4	2.4	2.7	1.3	2.5	2.06
	SD_i	0.766	0.542	0.735	0.581	0.680	0.716	0.389	0.722	0.6415
	CV_i/%	0.813	0.572	0.772	0.610	0.713	0.750	0.408	0.762	0.675

注：表 4.1 中的密实度为检测密度与最大理论密度的百分比。

分析表 4.1 中的结果可知，在不同的横向测点位置，摊铺密实度波动极值大于 1，特别是在距熨平装置侧 2.25 m 和 4.5 m 的位置 3 和位置 6 处，密实度波动范围甚至超过 1.8，这两个位置的 CV_i 和 SD_i 值也高于其他位置的。

对比表 4.1 中的摊铺和碾压分析结果，所有的碾压密实度统计均值大于摊铺密实度统计均值。在熨平装置横向位置 3 和位置 6 处的碾压密实度数据统计值 R_i、CV_i 和 SD_i 相比于其他位置也处于较高水平。摊铺密实度的不均匀分布将传递给碾压过后的铺层密实度，碾压作业增加了沥青路面密实度的分布不均的可能性，碾压后的密实度高于摊铺后的密实度。碾压区域纵向密实度分布统计值的平均值均增大，摊铺后的铺层密实度沿纵向分布比碾压后密实度沿纵向分布更均匀。

同理分析摊铺作业和碾压作业后的路面横向密实度分布均匀性，试验段摊铺密实度和碾压密实度的横向分布均匀性统计分析结果如表 4.2 所示。

表 4.2　试验横向密实度分布统计分析结果

项目	纵向测点	1	2	3	4	5	6	7	8	9	均值
摊铺	AVG_j/%	87.96	87.83	88.06	87.94	87.93	88.13	87.69	87.91	88.30	87.97
	R_j	3	1.3	2.2	1.5	0.9	1.6	1.9	1.9	0.9	1.69
	SD_j	0.859	0.360	0.661	0.510	0.295	0.524	0.530	0.588	0.541	0.541
	CV_j/%	0.976	0.409	0.751	0.579	0.335	0.594	0.604	0.669	0.612	0.614

续表

项目	纵向测点	1	2	3	4	5	6	7	8	9	均值
碾压	$AVG_j/\%$	95.06	95.19	95.31	94.93	95.23	95.24	94.98	95.16	94.38	95.05
	R_j	2.4	3	1.3	2.1	1	2.7	2.4	1.8	2	2.06
	SD_j	0.705	0.899	0.420	0.835	0.349	0.864	0.847	0.676	0.650	0.694
	$CV_j/\%$	0.742	0.945	0.440	0.879	0.367	0.908	0.891	0.711	0.688	0.730

注：表 4.2 中的密实度为检测密度与最大理论密度的百分比。

对比表中的摊铺和碾压分析结果，除了纵向点位置 1 和 3，其余位置的碾压密实度统计值均大于摊铺密实度统计值，摊铺后密实度的横向分布比碾压后密实度的横向分布更均匀。

对比表 4.2 与表 4.1 中密实度分布均匀性统计值的平均值，横向密实度均匀性统计值高于纵向密实度均匀性统计值，横向密实度分布不均匀性比纵向密实度分布不均匀性更明显。通过摊铺和碾压过后的横向密实度与纵向密实度分布均匀性可知，检测碾压区域横向密实度分布均匀性统计值的平均值均增大，摊铺后的铺层密实度沿横向分布比碾压后密实度沿横向分布更均匀。

4.3.3　均匀性试验结果分析

考虑沥青混合料横向和纵向密实度分布的共同作用，定性分析现场施工中检测区域的整体均匀性和不均匀现象的严重程度，分析结果如表 4.3 所示。

表 4.3　试验段整体密实度统计分析结果

检测指标	S_{AVG}	Sr	SR	CU	k	h
摊铺	0.312	0.497	0.563	99.6	1.36	± 1.75
碾压	0.429	0.700	0.787	99.5	1.36	± 1.75

摊铺检测结果 Sr 和 SR 均小于碾压检测段结果，这与表 4.1 与表 4.2 中的统计分析结果一致。摊铺密实度检测结果 CU 值大于碾压密实度检测结果的 CU 值，表明摊铺整体密实度分布均匀性优于碾压整体分布均匀性。为了进一步分析摊铺和碾压密实度沿横向与纵向的分布趋势及密实度分布差异大小，需要根据现场密实度检测数据，得到摊铺和碾压密实度分布等值线图，如图 4.7 所示。

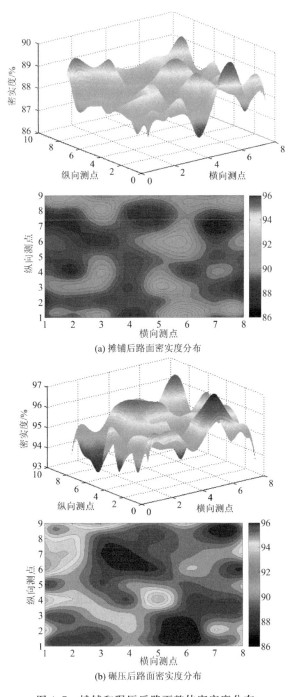

(a) 摊铺后路面密实度分布

(b) 碾压后路面密实度分布

图 4.7　摊铺和碾压后路面整体密实度分布

在图 4.7 中，摊铺后的路面密实度平均值为 88%，碾压后的路面密实度平均值为 95%，该密实度为无核密度仪检测密度与最大理论密度的百分比。对比摊铺密实度与碾压密实度的三维分布图，碾压密实度的峰值和谷值突出，密实度波动明显，摊铺密实度的整体三维分布较碾压密实度更集中。

对比摊铺和碾压后路面整体密实度分布等值线图，由图 4.7(a) 可以看出，摊铺密实度主要集中在 87%～89% 之间，密实度高于 88% 的面积（黄色区域）占总分布面积的比值很小。

在图 4.7(b) 中，碾压密实度高于 95% 的面积（深红色区域）占总分布面积的比值逐渐增大，碾压密实度分布更不均匀。在测点位置 (6, 2) 处，碾压密实度在 97% 左右，增大了过压实的可能，同时在测点位置 (1, 6) 和 (5, 4) 处，碾压密实度为 93%，表示路面存在欠压实的可能。为了提高沥青路面密实度分布的均匀性，需要进一步增大摊铺后的路面密实度，减少后续的碾压作业。

分析图 4.7 中摊铺与碾压密实度等值线在沿横向和纵向的疏密，判断密实度分布差异大小。密实度等值线在横向的分布比在纵向的分布密集，表明沿横向密实度分布差别更大，沿横向分布的密实度变异性比纵向分布变化明显，这与统计分析结果一致，进一步证明了密实度分布均匀性评价方法是有效的，需要进一步控制摊铺密实度横向分布均匀性。

此外，为了评定横向测点位置的密实度分布差异，可通过两组试验数据 A 和 B，分析横向测点位置和横向测点位置之间的一致性统计，如图 4.8 所示。

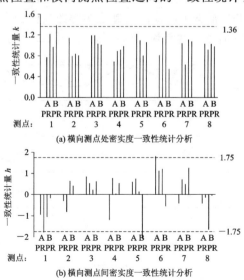

图 4.8　密实度分布均匀性一致性统计分析

图中，A 为试验段 A，B 为试验段 B，P 为摊铺密实度结果，R 为碾压密实度结果。

从图 4.8(a)中可以看出，在横向 8 个检测位置的摊铺密实度一致性统计值 k_i 小于临界值 k，表明摊铺试验段部分没有出现明显的非均匀分布。在碾压试验段部分，除了检测位置 1 存在压实不当之外，不同检测轨道之间的一致性统计 k_i 基本上满足要求。

由图 4.8(b)可知，在碾压试验段部分，横向测点位置 1 和位置 5 处一致性统计 h_i 大于临界值 h，表明在横向测点位置 1 和位置 5 处，由于碾压作业的影响，路面密实度分布是非均匀的。其他测点位置 h_i 均小于临界值 h，表明碾压后密实度不存在碾压不当现象。在摊铺试验段部分，除了检测位置 6 之外，其余测点位置之间的一致性统计值 h_i 基本满足密实度分布均匀性要求。表明摊铺后的密实度分布比碾压后的密实度分布更均匀，这与前面的检测数据的分析结果一致。

4.4　振动作业均匀性影响因素

4.4.1　横向振动分布特征

前文的分析结果表明，沿横向密实度分布不均匀性比沿纵向密实度分布不均匀性明显，为了保证路面压实质量，需要对摊铺横向密实度分布特征及其影响因素做进一步分析。根据不同检测轨迹下测得的横向密实度结果，计算得到试验检测密实度与横向密实度平均值的差值，如图 4.9 所示。

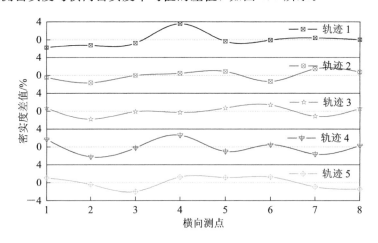

图 4.9　横向密实度相对于平均值的波动

在横向分布轨迹 1 中，熨平装置左侧的密实度低于平均值，中间部分密实度高于平均值。在检测轨迹 2 中，密实度沿横向分布呈现高—低—高—低—高的变化。在检测轨迹 3 和检测轨迹 4 中，熨平装置两端的密实度较低，中间密实度偏高。而在检测轨迹 5 中，熨平装置左边部分密实度高于右边部分，中间部分密实度高于横向密实度平均值。摊铺密实度沿熨平装置横向分布的中间部分密实度均较大，熨平装置两端密实度变化不确定。熨平装置的不均匀变形和熨平装置下方混合料刚度差的变化，造成摊铺密实度横向分布不均匀。采用相同试验过程获得的密实度横向分布曲线如图 4.10 所示。

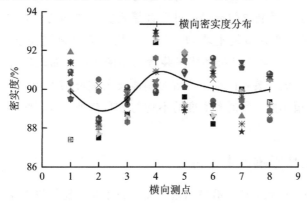

图 4.10　密实度横向分布结果

对于本次试验中使用的摊铺机，图 4.10 同样表明熨平装置中间部分的密实度较高，两端密实度的变化是不确定的。

进一步分析横向密实度分布变化，以相同的实验条件进行了 43 组附加的横向密实度分布试验，检测结果如图 4.11 所示。

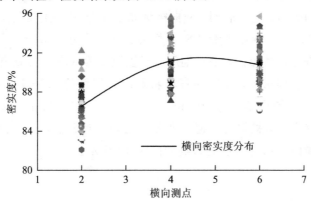

图 4.11　横向特殊位置密实度分布

分析熨平装置两端密实度的变化，定义熨平装置两端密实度差与中间部分密实度之比，如式(4.33)所示。

$$DR = \frac{D_{left} - D_{right}}{D_{medium}} \qquad (4.33)$$

式中：D_{left}——测点 1 的密实度，在距熨平装置左侧 0.75 m 的位置处；

D_{right}——测点 8 的密实度，在距熨平装置左侧 6 m 的位置处；

D_{medium}——测点 4 和测点 5 的密实度平均值，分别在距熨平装置左侧 3 m 和 3.75 m 的位置处。

DR 反映了熨平装置两端摊铺过后铺层密实度的均匀性，数值越大表明熨平装置两端密实度分布越不均匀。在纵向轨迹 3 和轨迹 5 处的 DR 值分别是 0.001 和 0.027。轨迹 3 处的熨平装置两端密实度分布较轨迹 5 处的密实度分布均匀。由于熨平装置两端下方混合料刚度的差异与不均匀压实，纵向 5 个轨迹处的 DR 值不同。摊铺密实度的不均匀分布会进一步影响碾压过后路面的平整度。

4.4.2 均匀性影响因素分析

前文的分析结果表明，沿横向密实度分布不均匀比沿纵向密实度分布不均更明显，同时纵向密实度分布均匀性主要受到摊铺速度的影响。高密实摊铺作业时，摊铺速度小于 4 m/min，当摊铺机保持匀速行驶时，摊铺后路面密实度的纵向分布均匀，路面压实不均匀主要受到横向密实度分布的影响。

为了保证沥青路面的密实度分布均匀性，在碾压作业合理的前提下，需要控制摊铺参数来提高摊铺结束后沥青铺层的摊铺密实度，特别是沿着摊铺横向密实度的分布。研究表明，横向摊铺密实度均匀性主要受熨平装置振幅影响，这与摊铺速度和振动参数密切相关。分别采用 1 m/min 和 1.6 m/min 的摊铺速度进行恒速摊铺，铺路期间，环境温度为 32℃。摊铺混合料采用与前文 3.3 节中相同级配、相同沥青材料及沥青用量的 AC-16 混合料，摊铺宽度为 6.75 m，铺层厚度为 50 mm。摊铺结束后采用校正的无核密度仪检测铺层摊铺密实度，根据前述密实度分布均匀性评价方法，不同摊铺速度对摊铺密实度横向分布均匀性的影响如图 4.12 所示。

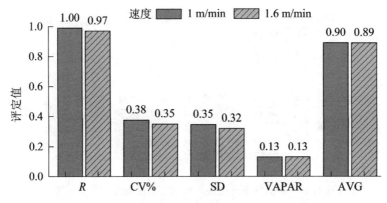

图 4.12　摊铺速度对摊铺密实度横向分布均匀性影响

图中：$R = \dfrac{1}{t}\sum\limits_{j=1}^{t} R_j$，$R_j$ 为第 j 个纵向测点位置处的横向密实度波动值；

$CV = \dfrac{1}{t}\sum\limits_{j=1}^{t} CV_j$，$CV_j$ 为第 j 个纵向测点位置处的横向密实度变异系数；

$SD = \dfrac{1}{t}\sum\limits_{j=1}^{t} SD_j$，$SD_j$ 为第 j 个纵向测点位置处的横向密实度标准差；

VAPAR 为 9 个纵向测点位置处的横向密实度方差平均值；

$AVG = \dfrac{1}{t}\sum\limits_{j=1}^{t} AVG_j$，$AVG_j$ 为第 j 个纵向测点位置处的横向密实度平均值。

如图 4.12 所示，摊铺速度分别为 1 m/min 和 1.6 m/min 时的铺层横向密实度分布均匀性没有明显的差别。当熨平装置振动参数保持不变时，速度为 1 m/min 时的铺层密实度高于速度为 1.6 m/min 时的铺层密实度，速度为 1.6 m/min 时的铺层横向密实度分布均匀性略微高于速度为 1 m/min 时的摊铺密实度分布均匀性。这是由于低速摊铺作用于铺层压实的时间增加，造成密实度增大。如果熨平装置下方混合料横向分布不均匀，更多的压实作用时间会使铺层密实度分布不均匀更加明显。

由于施工环境不同或混合料颗粒分布等其他因素的影响，两种摊铺速度(1 m/min 和 1.6 m/min)对摊铺密实度的影响也没有显著差异。下面分析振捣机构的工作频率和振动频率对沥青混合料铺层密实度均匀性的影响，将摊铺速度设为 2 m/min，摊铺阶段分别采用 15 Hz 和 20 Hz 的振捣机构工作频率，不同振捣机构的工作频率对摊铺密实度分布均匀性影响如图 4.13 所示。

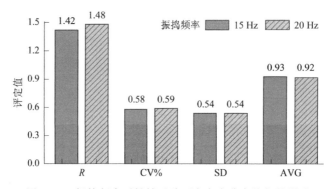

图 4.13　振捣频率对摊铺后路面密实度分布均匀性影响

如图 4.13 所示，当振捣机构的工作频率为 15 Hz 时，摊铺作业后的路面密实度分布均匀性略微高于工作频率为 20 Hz 时的摊铺密实度分布均匀性。研究表明，振捣机构作用时，除了对铺层产生密实作用外，产生的振捣惯性力也会影响熨平装置对混合料铺层的振动作用力。熨平装置的振动加速度与振捣机构的工作频率密切相关，振捣机构的工作频率越高，熨平装置对混合料施加的作用力越不均匀，从而加剧了混合料横向密实度分布不均匀。

将摊铺速度设为 2 m/min，摊铺阶段分别采用 30 Hz 和 36 Hz 的振动频率，此时不同振动频率对路面密实度分布均匀性的影响如图 4.14 所示。

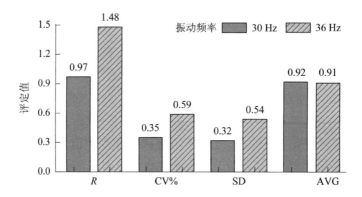

图 4.14　振动频率对摊铺后路面密实度分布均匀性的影响

分别检测当振动机构的振动频率为 30 Hz 和 36 Hz 进行摊铺作业时的摊铺密实度，前者的路面密实度分布均匀性略微高于后者的路面密实度分布均匀性。这与不同振捣频率下密实度均匀性变化类似，只是不同振动频率下密实度均匀性的差异更为明显，熨平装置振动响应振幅对振动频率变化更为敏感，高频振动更容易降低沥青铺层的横向密实度分布均匀性。由以上分析可知，在沥青混合料高密实摊铺作业时，为了提高沥青铺层密实度分布均匀性，在熨平装置高密实振动频率范围内可适当减小振动频率，并降低振捣频率分量作用在熨平装置的频谱峰值。

4.4.3　均匀性试验结果分析

为了研究高密实摊铺作业后的密实度分布均匀性，保证路面压实质量，应调整振动频率使其工作在高密实振动频率范围。将振动频率设置为 33 Hz，振捣机构工作频率设置为 13 Hz，摊铺速度为 2 m/min。路面材料采用 AC - 16 沥青混合料，与前文碾压作业中的路面材料具有相同级配、相同沥青材料及沥青用量。

摊铺结束后采用 PQI301 无核密度仪对铺层进行密度检测。为了减小无核密度仪检测密实度的误差，增加测试结果的准确性，应待摊铺机作业稳定后开始记录数据，当在检测点发现异常值时需要增加测量次数。定义检测密度与最大理论密度的百分比值为密实度，高密实摊铺作业后的摊铺密实度统计分析结果如表 4.4 所示。

表 4.4　高密实摊铺密实度分布均匀性统计结果

项目	横向测点	0.75(1)	1.5(2)	2.25(3)	3(4)	3.75(5)	5.25(6)	4.5(7)	6.0(8)	均值
摊铺	AVG_i/%	93.94	94.38	94.9	94.7	94.9	95.2	94.91	94.77	94.71
	R_i	0.96	1.16	1.06	1.46	1.66	1.26	1.36	1.33	1.28
	SD_i	0.36	0.51	0.437	0.53	0.55	0.504	0.432	0.417	0.467
	CV_i/%	0.352	0.488	0.427	0.41	0.525	0.534	0.436	0.442	0.451

注：表 4.4 中的密实度为检测密度与最大理论密度的百分比。

分析表 4.4 中的结果可知，高密实摊铺作业后的铺层密实度平均值为 94.71%。对比表 4.1 中的碾压分析结果，所有的碾压密实度统计均值大于摊铺密实度统计均值，表明高密实摊铺后密实度的整体分布均匀性提高。

4.5　本章小结

本章研究了摊铺机熨平装置对铺层混合料横向与纵向密实度分布均匀性，得到以下结论：

（1）通过对自动调平熨平装置进行运动学分析，得到了调平传感器安装位置、摊铺速度和铺层厚度之间的关系，提出了控制摊铺厚度的传感器的安装位置。基于熨平装置振动压实系统动力学模型,揭示了沥青路面密实度分布不均的机理,得到了熨平装置振动频率对横向密实度分布均匀性的影响规律。

(2)设计了摊铺机横向 8 测点和纵向 9 测点密实度分布均匀性的试验方案,进行了摊铺和碾压后的密实度横向和纵向分布均匀试验研究。采用统计方法对铺层密实度横向分布、纵向分布及整体密实度分布的均匀性进行定性分析,确定了横向密实度分布不均匀性比纵向密实度分布不均更明显,进一步得到了横向摊铺密实度的分布特征。

(3)对于本次试验中使用的摊铺机,熨平装置中间部分的密实度高于横向密实度的平均值,这与统计分析结果一致,证明了熨平装置密实度分布均匀性评价方法的有效性。熨平装置横向摊铺密实度分布均匀性更易受到振动频率的影响,为了保证高密实摊铺密实度的分布均匀性,应减小振捣惯性力,在高密实频率范围内降低振动频率。通过摊铺密实度分布试验研究,提高了高密实摊铺路面密实度的整体分布均匀性。

第 5 章　摊铺机熨平装置振动特性应用研究

摊铺机对沥青混合料的高密实成型是在振捣机构和振动机构的共同作用下完成的，本章通过振捣机构和振动机构对混合料的压实特性及其影响因素分析，确定了影响混合料获得高密实度的主要因素。为了实现沥青路面的高密实摊铺成型，各参数之间需要进行匹配与试验验证。本章采用正交试验设计方法对摊铺参数进行匹配研究，以确定能使混合料获得高密实度的最佳参数组合及影响路面密实度的主要因素和次要因素；通过高密实成型摊铺效果试验，分析不同工作频率的振捣机构作用后得到的混合料密实度对熨平装置振动压实特性的影响规律；设计了一种可以适应混合料压实特性的复合熨平装置，通过该装置与传统装置的对比试验，研究高密实成型摊铺技术及其优势。

5.1　振动机构参数正交分析

5.1.1　正交试验设计

为了提高摊铺作业后沥青混合料的密实度，实现沥青路面高密实摊铺成型，需要对摊铺机的工作参数进行参数匹配研究，主要包括摊铺机振动机构的振动频率、摊铺速度及振捣机构的工作频率。对于受到多因素影响的科学问题的试验研究，为了提高试验效率，需要进行试验设计与优化，通常选择具有试验次数少、效率高、使用方便等优点的正交试验方法。摊铺试验在沥青混合料摊铺现场进行，通过研究沥青摊铺机熨平装置的振动频率、振幅和振捣机构的工作频率及摊铺速度对摊铺后沥青路面密实度的影响，确定 AC - 16 沥青混合料的最佳摊铺参数组合，使得摊铺过后路面密实度最高。

通过第 3 章中对沥青混合料高密实成型影响因素的研究，得到了摊铺机熨平装置的高密实振动频率范围及振捣机构的工作频率和摊铺速度对振捣次数的影响规律，因此确定正交试验设计中各参数的研究范围如下：

(1) 熨平装置的振动频率的研究范围为 26～36 Hz，熨平装置的振幅取恒定值 0.4 mm；

(2) 振捣机构工作频率的研究范围为 14～20 Hz；

（3）为了保证作用于铺层混合料的重叠振捣次数不少于 3 次，取摊铺速度小于 6 m/min。

正交分析主要包括试验因素与水平及正交表设计两部分内容。设振捣机构的工作频率为因素 A，摊铺速度为因素 B，振动频率为因素 C。摊铺试验选用正交表 $L_9(3^4)$，遵循选用正交表的原则，试验方案采用 3 因素、3 水平的正交表，如表 5.1 所示。可用 $A_1 \sim A_3$、$B_1 \sim B_3$、$C_1 \sim C_3$ 分别表示表 5.1 中三个因素下的相应水平，即摊铺参数的不同取值。

表 5.1　试验因素与水平

水平	因素 A	因素 B	因素 C
	振捣机构工作频率/Hz	摊铺速度/(m/min)	振动频率/Hz
1	14	6	26
2	17	4	30
3	20	2.5	36

5.1.2　正交表设计

对于 3 因素、3 水平试验，如果考虑到每个因素的不同水平对摊铺后路面密实度的影响，则需要做 27 组试验，这对人力、物力和时间的消耗较大。

而采用正交试验设计来研究不同因素对试验指标的影响规律及影响程度则可避免以上问题。试验选用正交表 $L_9(3^4)$，共需 9 组试验，试验方案如表 5.2 所示。

表 5.2　正交试验方案

试验号		1	2	3	4	5	6	7	8	9
因素	A	1	1	1	2	2	2	3	3	3
	B	1	2	3	1	2	3	1	2	3
	C	1	2	3	3	1	2	2	3	1

在各次试验中均采用 AC-16 混合料，沥青采用 SBS(I-C)聚合物改性沥青，加工改性沥青的基质沥青采用 A 级 90 号道路石油沥青，沥青含量为 4.8%。

试验中，振捣冲程固定为 5 mm，振捣机构的工作频率、振动频率和摊铺速度根据最终设计的正交表分别设置不同值进行摊铺作业。用标定后的 PQI301 型无核密度仪检测摊铺后沥青路面的密度，在同一位置取 3 点进行测量并取均值。

5.1.3　试验结果分析

摊铺结束后选择铺层密实度作为评价指标,该密实度为检测密度与室内马氏密度之比,以百分数表示得到的正交试验结果如表 5.3 所示。

表 5.3　试 验 结 果

试验号	1	2	3	4	5	6	7	8	9
振捣机构工作频率/Hz	14	14	14	17	17	17	20	20	20
摊铺速度/(m/min)	6	4	2.5	6	4	2.5	6	4	2.5
振动频率/Hz	26	30	36	36	26	30	30	36	26
密实度/%	84.9	91.8	94.3	86.5	89.6	94.5	86.6	92.1	92.7

为了得到摊铺 AC-16 沥青混合料时的最佳摊铺参数组合,使得摊铺过后的路面密实度最高,并确定各因素不同水平变化和试验误差对摊铺后路面密实度的影响,需要根据正交试验分析理论对试验结果进行极差分析和方差分析。

1. 试验极差分析

极差分析法又称为直观分析法,通过对每一因素的平均极差 R 进行分析,就可以对各因素的影响程度进行直观判断。极差越大,表明在试验范围内该因素的改变导致试验结果的变化越大,因此极差最大的那个因素就是影响试验指标的最主要因素。各因素的极差 R 可由式(5.1)计算得到。

$$R = \max(K_{ij}) - \min(K_{ij}), \quad i=1,2,3, \quad j=1,2,3 \quad (5.1)$$

式中: i ——水平数;

　　　j ——因素数;

　　　K_{ij} ——因素 j 在 i 水平下的各试验结果之和。

各因素的极差分析结果如表 5.4 所示。

表 5.4　极 差 分 析

试验号		K_{1j}	K_{2j}	K_{3j}	$\overline{K}_{1j}$	$\overline{K}_{2j}$	$\overline{K}_{3j}$	R
因素	A	272.4	271.5	272.4	90.8	90.5	90.8	0.3
	B	259.1	274.7	282.6	86.4	91.6	94.2	7.5
	C	268.2	273.8	274.3	89.4	91.3	91.4	2.0
平均密实度/%		$K=90.32$						

表 5.4 中, K_{1j} 、 K_{2j} 、 K_{3j} 分别为各试验因素在同一水平下的试验指标之

和，K 为 9 组试验结果指标的均值，$\overline{K}_{1j}$、$\overline{K}_{2j}$、$\overline{K}_{3j}$ 分别为各试验因素在同一水平下的试验指标平均值。为了更直观地进行对比分析，可根据表 5.4 中各因素同一水平下的平均密实度分析结果，绘制各因素水平对平均密实度的影响趋势，如图 5.1 所示。

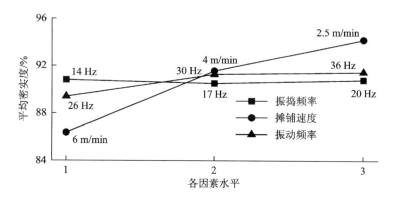

图 5.1　各因素水平与平均密实度的关系

由图 5.1 可知，随着振捣机构工作频率的增加，摊铺后沥青混合料的平均密实度没有显著的变化。接着分析平均密实度随着摊铺速度变化的关系。摊铺速度从水平 1 的 6 m/min 减小到水平 3 的 2.5 m/min 时，平均密实度随摊铺速度的减小而显著上升，当摊铺速度小于水平 2 的 4 m/min 时，平均密实度的变化趋势变缓。因此在沥青路面施工中，摊铺机的工作速度应适当降低，不应超过 4 m/min。

下面分析平均密实度随振动频率变化的关系。随着振动频率的增加，摊铺后沥青路面的平均密实度也增加，这是因为在高频振动作用下，沥青混合料颗粒会产生较大的相对运动，有利于颗粒之间相互移动重新组合，颗粒相互靠近并排除它们之间的空气，从而提高了沥青混合料的密实度。当振动频率大于 30 Hz 时，沥青路面的平均密实度达到 91.3%。沥青路面摊铺正交试验的这一结论与 3.3 节中摊铺过程中的振动压实试验的结论一致。为了获得高密实摊铺效果，建议在沥青路面施工过程中，振动频率应大于 30 Hz，取 33 Hz 左右较合适。

根据正交试验分析理论，通过比较同一因素下各水平平均密实度的极差大小，就可以确定各因素对密实度的影响程度，从而确定主要因素和次要因素。

由表 5.4 中极差 R 的大小可以看出，在本次试验中，影响摊铺过后路面密实度因素的主次顺序为 B—C—A，即摊铺速度—振动频率—振捣机构的工作频率。由图 5.1 可以看出，在路面施工过程中，选取适当的振捣频率后，适当增大振动频率并减小摊铺速度可以显著提高摊铺后的路面密实度。

2. 试验方差分析

为了定量分析各因素不同水平变化和试验误差对试验指标的影响显著性，弥补直观分析法存在的问题，需要采用正交试验的方差分析法对试验数据进行进一步分析说明，利用 F 分布表对各因素的显著水平进行数量评估。常用的显著水平 α 为 0.01、0.05、0.10。各因素的偏差平方和 S_j 与总偏差平方和 S 分别如式(5.2)和式(5.3)所示。

$$S_j = \frac{t}{n} \sum_{i=1}^{t} K_{ij}^2 - \frac{1}{n} \left(\sum_{i=1}^{t} K_{ij} \right)^2 \tag{5.2}$$

$$S = \frac{st}{n} \sum_{i=1}^{t} \sum_{j=1}^{s} K_{ij}^2 - \frac{1}{n} \left(\sum_{i=1}^{t} \sum_{j=1}^{s} K_{ij} \right)^2 \tag{5.3}$$

式中：t——每个试验因素的水平数；

s——试验因素个数；

n——因素 j 在 i 水平下的试验次数。

总偏差平方和减去各因素偏差和可得到随机误差平方和，记为 S_e，各因素的自由度分别为 f_j，将总自由度减去各因素自由度数得到的误差自由度记为 f_e。各因素的均方偏差 $\overline{S}_j$ 与随机误差的均方偏差 $\overline{S}_e$ 分别如式(5.4)和式(5.5)所示。

$$\overline{S}_j = \frac{S_j}{f_j} \tag{5.4}$$

$$\overline{S}_e = \frac{S_e}{f_e} \tag{5.5}$$

式中：f_j——因素 j 的自由度，$f_j = t - 1$。

根据正交试验结果，利用统计分析软件 Minitab 对数据进行处理，各因素的方差分析结果如表 5.5 所示。

表 5.5　方差分析结果

来源	偏差平方和	自由度 f_j	均方偏差	F_j 值	显著性
A	0.21	2	0.105	0.070	不显著
B	81.83	2	40.915	27.277	显著
C	9.48	2	4.740	3.160	较显著
误差	3.00	2	1.500	—	—
总和	94.52	8	—	—	—

各因素对应的统计量 F_j 可由式(5.6)表示。

$$F_j = \frac{\overline{S_j}}{\overline{S_e}} \tag{5.6}$$

根据因素和误差自由度数查 F 分布表,得临界值 $F_{0.25}(2, 2) = 3$,$F_{0.10}(2, 2) = 9$,$F_{0.05}(2, 2) = 19$。比较表5.5中各因素 F 值与临界值,可得 $F_A < F_{0.25}(2, 2)$,$F_B > F_{0.05}(2, 2)$,$F_{0.10}(2, 2) > F_C > F_{0.25}(2, 2)$。

由表5.5中 F_j 值的大小可知,摊铺速度对摊铺后路面密实度的影响显著水平高于振动频率,振动频率对摊铺后路面密实度的影响显著水平高于振捣机构的工作频率。显著分析结果说明,振捣机构的工作频率、摊铺速度和振动频率这三个因素的不同水平对应的试验结果差异主要是由因素水平不同引起的,试验误差引起的差异可以忽略不计。对于摊铺后的路面密实度而言,摊铺速度对其具有显著影响,振动频率对其影响较显著,振捣机构的工作频率对其影响不显著,这表明在高密实摊铺作业过程中,振动频率和摊铺速度对路面密实度的作用不容忽视,可以通过调节振动频率和摊铺速度来提高摊铺后的路面密实度。

5.1.4 单因素试验分析

基于正交试验的结果分析可知,摊铺速度是影响摊铺后路面密实度的最显著的因素。在前面的正交摊铺试验中,摊铺速度越低,摊铺后的路面密实度越高。但由于减少了试验数量,因此需要进一步研究摊铺速度对路面密实度的影响。

结合表5.3中的试验3和试验6数据可知,在本次试验中,当摊铺速度为2.5 m/min,振捣频率在14~17 Hz之间,振动频率在30~36 Hz之间时,摊铺后的路面密实度高于其他试验组合时的密实度。第6组试验结果的密实度最高,此时的摊铺速度具有本次各试验中的最低水平——2.5 m/min,振捣机构的工作频率为17 Hz。接下来基于3.4节振捣机构夯锤作用在混合料铺层上的重叠振捣次数,进一步研究摊铺速度和振捣机构的工作频率对摊铺后路面密实度的影响。

在进行单因素对比摊铺试验时,只有熨平装置的振捣机构工作。摊铺速度研究范围在0~14 m/min之间,振捣机构的工作频率研究范围为5~20 Hz。试验中采用的试验方法与正交试验相同。针对摊铺速度与振捣机构工作频率进行试验分析,结果如表5.6所示。

表 5.6　摊铺速度与密实度试验结果

摊铺速度/(m/min)	密实度/%		
	振捣机构的工作 频率为 10Hz 时	振捣机构的工作 频率为 15Hz 时	振捣机构的工作 频率为 20Hz 时
0.5	87.3	87.3	87.3
1.5	87.1	87.2	87.2
2.5	85.5	86.7	87.1
3.5	84.0	85.5	86.7
4.5	82.9	84.6	85.6
5.5	81.4	83.6	84.8
6.5	80.9	82.6	84.0
8	80.3	81.3	82.5
10	80.2	80.3	81.8
12	—	80.2	80.8
14	—	—	80.3

　　基于式(3.7)中振捣机构的工作频率、夯锤结构参数、摊铺速度与混合料密实度之间的关系,对表 5.6 中的试验结果进行曲线拟合,得到振捣机构在不同工作频率下,密实度与摊铺速度之间数学模型拟合参数及试验与仿真相关系数,如表 5.7 所示。

表 5.7　密实度与摊铺速度之间数学模型拟合参数

振捣机构工作频率/Hz	P_0/%	γ_0	γ_2	R^2
10	75.518	13.666	5.785	0.9933
15	73.817	15.459	3.486	0.9965
20	73.217	16.126	2.587	0.9974

　　分析振捣机构作用后的路面密实度与摊铺速度之间关系仿真结果与试验数据,可以得出密实度的试验值和仿真值之间有很好的相关性的结论,相关系数分别为 0.9933、0.9965 和 0.9974,相应的残差项分别为 0.082、0.059 和 0.051。根据表 5.6 中的参数,绘制振捣机构作用后的路面密实度与摊铺速度之间的拟合曲线,如图 5.2 所示。

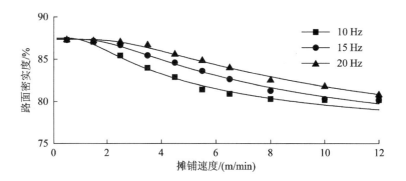

图 5.2　摊铺速度与密实度关系拟合曲线

由图 5.2 可知,在摊铺速度小于 2 m/min 的初始阶段,路面密实度的变化比较平缓,速度的变化对密实度的影响较小;当摊铺速度大于 4 m/min 时,经振捣机构作用后的路面密实度随着摊铺速度的增大快速减小,密实度对速度的变化比较敏感。为了保证铺层密实度均匀,应尽量避免摊铺速度在这个范围内。

当振捣机构在工作频率分别为 10 Hz、15 Hz 和 20 Hz 的情况下工作时,摊铺速度分别小于 2 m/min、3 m/min 和 4 m/min,密实度增长量都会出现一个峰值转折点,当速度小于该转折点对应的速度时,继续降低速度对密实度的影响很小。振捣机构的工作频率不同,该转折点的位置不同,称该转折点对应的速度为高密实摊铺作业时的速度阈值。当振捣机构的工作频率确定后,将摊铺速度设置为该工作频率下的速度阈值,摊铺后的路面密实度高且变化稳定。

根据 3.3 节中振捣机构对摊铺后路面密实度的影响研究可知,随着作用在混合料铺层上的重叠振捣次数的增加,密实度逐渐增大。当重叠振捣次数达到一定值时,再增加作用在混合料铺层上的重叠振捣次数,密实度不再增加,称该重叠振捣次数为混合料的最佳振捣次数。在进行高密实摊铺作业时,为了提高路面密实度并保证铺层密实度分布均匀性,可考虑通过调节振捣机构的工作频率与摊铺速度,使得夯锤作用于混合料的重叠振捣次数为最佳振捣次数。

为了使混合料铺层具有足够的重叠振捣次数,作用于混合料铺层的重叠振捣次数 $n = 60df_d/v$ 应不小于最佳振捣次数 $N = 60df_d/V$,其中 f_d 为振捣频率,d 为夯锤宽度,v 为摊铺机作业速度,V 为摊铺速度阈值。

当摊铺速度确定时,振捣机构的工作频率应满足式(5.7)。

$$f_d \geqslant \frac{Nv}{60d} \tag{5.7}$$

由基于不同振捣机构工作频率下的摊铺速度阈值和式(5.7),可以得到高密实摊铺作业时不同振捣频率对应的速度范围,如表 5.8 所示。

表 5.8　振捣频率与摊铺速度范围

振捣机构的工作频率/Hz	10	15	20
摊铺机作业速度/(m/min)	≤2	≤3	≤4

由上述分析可知,通过最佳振捣次数可以确定每一振捣频率下的速度阈值。当摊铺速度小于阈值时,摊铺机作用于材料的重叠振捣次数达到了最佳振捣次数 N,密实度变化稳定,压实效果好,通常建议将摊铺速度匹配在小于速度阈值的范围内。当摊铺速度大于阈值时,随着摊铺速度的增加,相应的密实度成指数曲线变化。

本次试验用的摊铺机的振捣机构夯锤接地宽度 d 为 0.04 m,根据图 5.2 所示的摊铺速度与密实度关系以及式(3.5)和式(5.7),可以确定最佳振捣次数 N 为 12。在摊铺作业过程中,可根据振捣机构的工作频率与摊铺速度的数学关系,通过调节摊铺速度来获得高的密实度。

5.2　试验样机改进设计

5.2.1　熨平装置结构组成

提高摊铺作业后的路面密实度并保证密实度分布均匀性是研究摊铺机熨平装置的最终目标。在摊铺作业过程中,先通过振捣机构对混合料进行初步捣实,然后根据振捣机构作用后的混合料密实度调节振动频率,可以使振动机构作用后的路面密实度有所增加。通过对沥青摊铺机熨平装置的压实特性和参数匹配的分析可知,随着松散沥青混合料的逐渐密实,混合料刚度增加,熨平装置对混合料的最佳振动频率增大。

为了进一步提高摊铺后路面的密实度,需要采用更高振动频率的熨平装置对路面进行作业。据此,以国内某厂生产的沥青摊铺机熨平装置为例,对其进行结构改进,在原有熨平装置的基础上附加一套振动压实系统,以提高摊铺后路面的密实度。改进后的摊铺机熨平装置为具有双层结构复合熨平装置的摊铺设备,其设计图如图 5.3 所示,主要由振捣机构、主振动熨平装置和副振动熨平装置三部分组成。

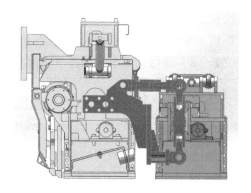

图 5.3　复合熨平装置结构改进设计图

复合熨平装置的振捣机构由 4 个振捣单元组成，采用双振捣式结构，主振捣冲程固定，副振捣冲程可调节。熨平装置总长度为 6 m，熨平装置基本段为两段长为 1500 mm 的基础板，加长段左右各两段，长为 750 mm，分别以螺栓连接。熨平装置上安装有振动机构，采用偏心轴振动形式。

副熨平装置结构及其与主机的连接方式如图 5.4 所示。

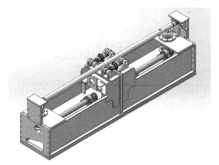

(a) 结构示意图

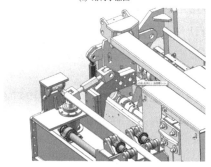

(b) 与主机的连接方式示意图

图 5.4　副熨平装置结构及其与主机的连接方式

在自重作用下，熨平装置与混合料自动接触，避免二次振动过程中与铺层分离。工作中应根据摊铺厚度、混合料预压密实度、摊铺温度及骨料强度等因素，调整熨平装置作用于混合料铺层的预压力。在开始摊铺时由低到高进行振动预压试调，当预压力升高到某一值后，沥青混合料的摊铺密实度不再增加，此时再增加预压力已没有意义。

5.2.2　熨平装置参数要求

1. 振捣机构

根据振捣机构的工作频率、摊铺速度和振捣冲程与混合料密实度之间的关系可知，振捣冲程影响振捣作用后混合料的密实度，适当增大冲程可使混合料更容易被压实；摊铺速度影响密实度的增大过程，速度减小，密实度更早进入增长平缓期；振捣冲程和摊铺速度共同决定了密实度随重叠振捣次数的变化过程。

增加作用于混合料的重叠振捣次数，可使密实度前期增长速率较快，后期增长速率逐渐减缓。当混合料密实度处于增长平缓期时，再增加重叠振捣次数，振捣作用后混合料密实度并没有提高。因此作用于混合料的重叠振捣次数只要不少于最佳振捣次数，那么摊铺后混合料的密实度高且分布均匀。

振捣机构的工作频率和摊铺速度应根据夯锤接地宽度调节，保证振捣机构作用在铺层混合料上的重叠振捣次数不少于 12 次。由于当振捣机构的工作频率太高时，有可能抵消或降低熨平装置对沥青混合料的振动作用力，影响压实效果，因此振捣机构的工作频率不应大于 23 Hz。

对于沥青面层的施工，摊铺时夯锤压实混合料产生的振捣反作用力更易增加振捣惯性力，影响摊铺机熨平装置对混合料的振动作用力，使路面密实度和压实均匀性难以保证。因此振捣冲程应当根据铺层厚度来选择，当铺层厚度为 50 mm 时，建议选择振捣冲程为 5 mm。

2. 振动机构

关于摊铺机熨平装置对混合料压实特性的影响，有研究表明，摊铺机作业时，熨平装置对每种混合料都存在着最佳振动频率，在该频率下混合料可获得峰值密实度。试验结果表明，当振捣作用后的混合料密实度为 86.7% 时，摊铺机熨平装置对 AC-16 混合料的高密实振动频率范围为 28～49 Hz，将摊铺机振动频率匹配在该范围内，摊铺过后混合料的密实度高于其他振动频率下混合料的密实度。结合沥青路面高密实成型压实均匀性试验研究，可知熨平装置横向摊铺密实度分布均匀性更易受到振动频率的影响，为了保证高密实摊铺密实度的分布均匀性，应减小振捣惯性力，在高密实频率范围内降低振动频率。

室内试验和前期工程试验表明，随着铺层越来越密实，熨平装置对混合料的最佳振动频率也随之增大。熨平装置对沥青混合料的密实成型是在振捣机构和振动机构的共同作用下完成的，振捣机构作用后混合料密实度的变化改变了铺层刚度，从而影响振动机构的最佳振动频率，最终影响混合料的高密实成型。

为了实现混合料的高密实摊铺成型，摊铺机振动频率应随着振捣作用后混合料的密实度进行调节，实现摊铺机对混合料的高密实成型。对于 AC - 16 混合料，当混合料密实度在 82%~88% 左右时，高密实振动频率范围为 15~25 Hz；当混合料密实度在 88%~92% 左右时，高密实振动频率范围为 25~40 Hz。对于改进后的复合熨平装置，主振动熨平装置频率可调范围为 0~40 Hz。加装的副振动熨平装置由液压系统驱动，能够对铺层混合料产生二次密实作用，其工作频率可调范围为 0~50 Hz。

5.3　摊铺机作业试验研究

5.3.1　试验内容

为了研究振动机构与振捣机构共同作用时摊铺机对沥青混合料的压实效果，需要进行摊铺机工作参数对熨平装置频率响应与路面密实度影响的试验研究。沥青混合料摊铺压实试验在施工现场进行，需要的试验仪器和材料如表 5.9 所示。

表 5.9　摊铺压实试验主要仪器和材料

名称	密度仪	频率测试仪	沥青混合料	软尺	秒表	温度计
数量	1 台	1 套	1 种	1 个	1 个	1 个
备注	PQI301	自制	AC - 16	总长 20 m	—	—

试验段沥青路面施工采用强制式间歇拌和机搅拌，大吨位自卸车运输，两台频率可调的沥青摊铺机摊铺，压路机压实。试验材料采用与 3.3 节中相同级配、相同沥青材料及沥青用量的 AC - 16 混合料。

首先进行摊铺机熨平装置压实特性试验,结合沥青摊铺机熨平装置频率的可调范围,进行不同振动频率下的熨平装置频率响应特性试验,采用频率测试仪采集摊铺过程中熨平装置振动频率分量及其频谱峰值数据。熨平装置频率特性试验流程如图5.5所示。

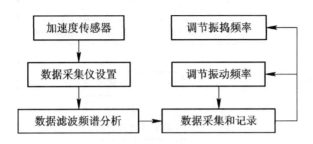

图5.5 熨平装置频率特性试验流程

研究振捣机构作用后的混合料密实度对振动机构压实特性的影响,结合沥青摊铺机作业参数,试验时的摊铺厚度为 50 mm,摊铺机行驶速度为 2 m/min。在摊铺机操作面板上调节振捣频率和振动频率时,采用的是振捣频率占最大振捣频率的百分比和振动频率占最大振动频率的百分比形式。振捣机构的工作频率为恒定值,对振动机构设置不同频率进行密实度试验,试验方案如表5.10所示。

表5.10 试验中振动机构振动频率试验方案

振捣频率占最大振捣频率百分比/%	振动频率占最大振动频率百分比/%						
0	10	20	30	40	50	60	—
10	10	20	30	40	50	60	—
20	10	20	30	40	50	60	—
30	10	20	30	40	50	60	65
40	10	20	30	40	50	60	—
50	10	20	30	40	50	60	65
60	10	20	30	40	50	60	—

采用无核密度仪在刚摊铺完成且尚未碾压的铺层上进行密实度检测,振动压实特性试验流程如图5.6所示。

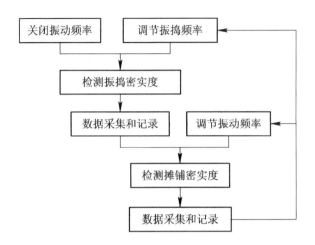

图 5.6   振动压实特性试验流程

现场试验摊铺过程如图 5.7 所示。

图 5.7   现场试验摊铺过程

5.3.2   试验测试系统的构建

由于沥青路面施工现场密实度的变化可以作为路面施工压实特性的检测标准之一，因此在进行摊铺压实试验之前，需要将 PQI（密度仪）采集的密实度数据与现场取芯试件的密实度进行相关性分析，确定 PQI 测量与取芯试验之间的相关性，并采用取芯密度对 PQI 采集的密实度进行标定，以保证试验结果的准确性。采用的无核密度仪显示屏上既显示路面的密度，又显示密实度。标定试验段和摊铺压实试验段具有相同的路面材料、相同的路面结构和相同的施工工艺，整个路面结构示意图如图 5.8 所示。

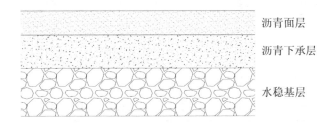

沥青面层

沥青下承层

水稳基层

图 5.8　路面结构示意图

试验段采用沥青面层，在沥青路面下承层上进行摊铺，沥青面层厚度是 50 mm（AC - 16）。无核密度仪标定试验过程如图 5.9 所示。

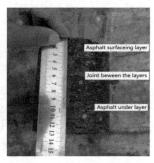

(a) PQI 采集数据　　　　　　(b) 取芯过程　　　　　　(c) 试件密实度检测

图 5.9　无核密度仪标定试验过程

无核密度仪标定试验具体过程如下：

根据试验段沥青面层厚度，设定无核密度仪检测厚度为 50 mm，使用无核密度仪评定测点位置的密度，一个位置测量三次，每一次检测后将无核密度仪围绕测点旋转 120°；无核密度仪检测结束后在同一检测位置钻孔获取芯样；采用切割机将沿沥青面层与沥青混合料下承层的接缝处断开，获得试验段所需的沥青面层试件，计算每一测点三次测量的平均值，并采用水中重法计算钻取的芯样的密度。为了减小无核密度仪检测密度的误差，增加测试结果的准确性，应待摊铺机作业稳定后再开始记录数据，当发现测试点有异常值时，需要对该测试点增加测量次数。无核密度仪标定数据如表 5.11 所示。

表 5.11　无核密度仪标定数据

试验位置	无核密度仪测点密度/(kg/m³)			平均密度/(kg/m³)	取芯密度/(kg/m³)	差分均值
	第一次	第二次	第三次			
1	2525	2522	2532	2526	2494	—
2	2539	2530	2533	2534	2497	—
3	2507	2509	2507	2508	2439	—
4	2521	2511	2514	2515	2489	—
5	2591	2582	2577	2583	2478	—
6	2588	2616	2581	2595	2539	—
总评均值	—	—	—	2543.5	2489.3	54.2

　　在计算无核密度仪的测量误差时,采用现场取芯和无核密度仪检测获得的密度之间的差分均值(ΔD)来校准无核密度仪,差分均值的计算过程如式(5.8)所示。

$$\Delta D = \sum_{i=1}^{n} \frac{\left(\dfrac{D_{ci} - D_{fi}}{D_{ci}}\right)}{n} \tag{5.8}$$

式中: D_{ci}——现场钻孔取芯的试件在实验室测得的密度,单位为 kg/m³;

　　　D_{fi}——无核密度仪评定的密度,单位为 kg/m³;

　　　n——同一测点检测数据的重复次数。

　　对采集的数据进行整理计算,得到取芯密度的均值与无核密度仪采集的密度均值,并在两者之间进行相关性分析,所得结果如图 5.10 所示。

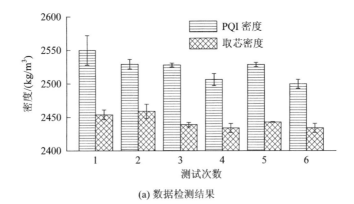

(a) 数据检测结果

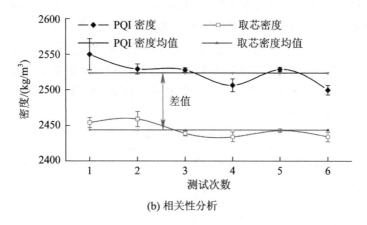

(b) 相关性分析

图 5.10　无核密度仪标定试验数据分析

由图 5.10(a)可知，在沥青路面上同一位置，钻孔取芯的试件密度小于 PQI 评定的密度，表明 PQI 评价结果造成路面密度检测结果高于真实值，需要对密度仪进行校正。

基于图 5.10(b)的相关性分析，通过计算可得两种密度检测方法评定结果之间的相关性系数为 87%，因此可以采用补偿值(差分均值)对无核密度仪进行校正，通过校正后的无核密度仪即可用于检测试验中的路面密度。

在试验摊铺机操作面板上调节振动频率时，采用的是振动频率占最大振动频率的百分比形式，为了便于数据处理和分析，需要对振捣频率和振动频率进行单位换算。

分别调节振捣频率和振动频率，记录摊铺机操作面板显示的频率百分比，使用频率测试仪对摊铺机的实际频率进行检测和记录。频率检测试验过程如图 5.11 所示。

(a) 频率显示表　　　(b) 频率测试仪测点位置　　　(c) 频率测试仪

图 5.11　频率检测试验过程

在摊铺机操作面板设置从小到大的振动频率百分比,用频率测试仪检测出与振动频率百分比对应的频率值。为了提高频率检测结果的准确性,当摊铺机操作面板上显示调节后的振动频率百分比时,应待频率测试仪读数稳定后再记录数据,然后多次重复检测并取均值。摊铺机振动频率和振捣机构工作频率的检测结果如表 5.12 所示。检测结果对应的平均频率、标准差及置信度为 95% 的置信区间如表 5.13 所示。

表 5.12　熨平装置频率检测数据

频率百分比/%	振动频率/Hz	振捣机构工作频率/Hz
30	19.1	10.5
40	27.3	12.8
50	33.8	16.4
60	39.1	19.1

表 5.13　多频振动测试系统测量值数据分析表

标准频率/Hz	18.40	20.03	21.18
试验次数	10	10	10
平均频率/Hz	18.34	19.96	21.16
标准差	0.200	0.159	0.176
置信区间	(17.9, 18.7)	(19.6, 20.3)	(20.8, 21.5)

对频率百分比与实际频率的检测结果均值进行线性拟合,得到振动频率和振捣机构工作频率的拟合结果,如图 5.12 所示。

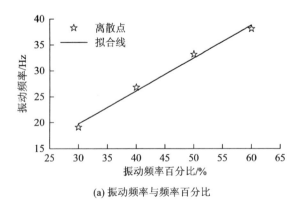

(a) 振动频率与频率百分比

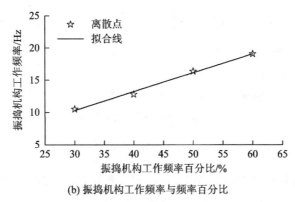

(b) 振捣机构工作频率与频率百分比

图 5.12　频率与频率百分比关系试验拟合曲线

　　根据频率检测试验结果可知,振捣机构工作频率百分比和振动频率百分比分别与实际检测频率之间有很好的线性关系,拟合函数的拟合优度分别为 0.9855 和 0.9903,拟合函数计算得到的频率值与实际检测值的误差分别为 4.429% 和 1.679%,误差大小均在 5% 以内,即频率百分比能够反映摊铺机熨平装置的频率参数。

5.3.3　频率响应影响分析

　　在振捣机构和振动机构的共同作用下,采用振动频率测试仪检测熨平装置的振动频率分量,通过传感器将熨平装置周期变化的响应物理信号转换成电压模拟信号,进行信号处理后实现对响应频率的检测。熨平装置频率测试系统主要由耦合响应信号输入、信号处理、响应分析和频率显示单元组成。

　　摊铺过程中熨平装置的加速度是在振捣机构和振动机构的共同作用下产生的。在熨平装置对混合料的周期性压实过程中,在平衡位置处的加速度为 0,在最大位移响应幅值处加速度达到最大值,同一位置处出现最大位移响应幅值的次数为沿同方向连续产生最大加速度的次数,因此可以通过分析加速度的周期变化来获取振捣机构和振动机构共同作用下摊铺机熨平装置的振动频率。

　　将由多个不同频率的简谐振动组合成的复杂振动信号在时域上的响应转换为频域上的振动信号的过程,称为时频变换。处理数字信号时需要采用离散傅里叶变换方法进行时频变换,傅里叶变换基于式(5.9)和式(5.10),可以将信号分解成频率分量和幅值分量。

$$F(\omega) = \int_{-\infty}^{+\infty} f(t)\mathrm{e}^{-\mathrm{i}\omega t}\,\mathrm{d}t \tag{5.9}$$

$$\mathrm{e}^{-\mathrm{i}\omega t} = \cos(\omega t) - \mathrm{i}\sin(\omega t) \tag{5.10}$$

　　对于离散信号数据,采用离散傅里叶变换方法可获得信号频谱,如式(5.11)所示。

$$F(k)=\sum_{n=0}^{N-1}f(n)W_N^{nk}=\sum_{n=0}^{N-1}f(n)\mathrm{e}^{-\mathrm{i}\frac{2\pi}{N}},\quad k=0,1,\cdots,N-1 \quad (5.11)$$

式中：$f(n)$——单个周期内采集到的离散数字信息；

W_N^{nk}——复数序列。

$f(n)$ 和 W_N^{nk} 分别如式(5.12)和式(5.13)所示。

$$f(n)=\mathrm{Re}[f(n)]+\mathrm{iIm}[f(n)] \quad (5.12)$$

$$W_N^{nk}=\mathrm{Re}[W_N^{nk}]+\mathrm{iIm}[W_N^{nk}]=\cos\left(\frac{2\pi}{N}nk\right)-\mathrm{isin}\left(\frac{2\pi}{N}nk\right) \quad (5.13)$$

将式(5.12)和式(5.13)代入式(5.11)，得到离散傅里叶变换，如式(5.14)所示。

$$\begin{aligned}F(k)=&\sum_{n=0}^{N-1}\left\{\mathrm{Re}[f(n)]\cos\left(\frac{2\pi}{N}nk\right)+\mathrm{Im}[f(n)]\sin\left(\frac{2\pi}{N}nk\right)\right\}+\\&\mathrm{i}\left\{\mathrm{Im}[f(n)]\cos\left(\frac{2\pi}{N}nk\right)-\mathrm{Re}[f(n)]\sin\left(\frac{2\pi}{N}nk\right)\right\}\end{aligned} \quad (5.14)$$

通过设计系统算法程序，可以得到熨平装置振动频率测试仪系统软件部分，结合硬件部分即可实现摊铺机熨平装置振动频率的测试。熨平装置振动频率测试系统工作原理如图 5.13 所示。

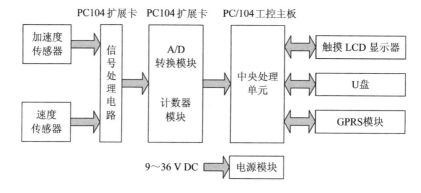

图 5.13　熨平装置振动频率测试系统工作原理

以上内容基于 2.3 节中的摊铺机熨平装置动力学模型，分析了振捣机构和振动机构压实特性。接下来进一步通过现场试验，在振捣机构和振动机构共同作用时，进行熨平装置的频率特性试验与仿真结果对比分析。

摊铺速度保持 2 m/min，熨平装置振动频率设置为最大振动频率的 58%（38 Hz 左右），振捣机构工作频率设置为最大振捣频率的 52%（17 Hz 左右）。采用振动频率测试仪数据采集分析系统，经 A/D 转换、滤波、频谱分析，获得熨平装置响应位移的 FFT 分析结果。基于式(2.18)所示的摊铺机熨平装置动力学方程，采用与试验频率相同的仿真参数进行 FFT 变换，得到熨平装置位移频谱图，如图 5.14 所示。

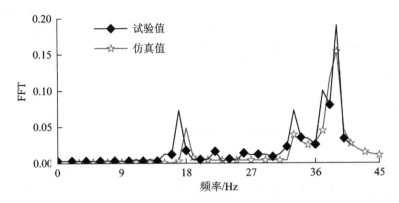

图 5.14　熨平装置位移频谱图

从图 5.14 中可以看出，仿真结果与试验结果整体相符。试验结果表明：作用于熨平装置的频率成分主要由振动频率和振捣机构的工作频率组成，振动频率对应的位移频谱峰值均高于其他振动分量对应的位移频谱峰值。

结合仿真分析结果可知，根据图 2.6 的摊铺机熨平装置动力学模型及其动力学方程（式（2.18）），可以得到振捣机构和振动机构共同作用时熨平装置振动频率各分量及其对应的位移频谱峰值，从而可将其用于分析振捣机构的工作频率和振动频率改变时，熨平装置对沥青混合料压实效果的影响。

5.3.4　作业参数影响分析

1. 振捣机构工作频率的影响

在摊铺试验过程中，试验摊铺机的频率是通过设置频率占最大频率的百分比来调节的，因此本节的分析中采用频率百分比来表示摊铺机频率的大小。当振捣机构和振动机构同时工作时，经振捣机构作用后的混合料具有一定的密实度，振动熨平装置对该混合料进一步压实。由于摊铺后的路面密实度变化规律很难有确定的形式，因此在对比分析振捣机构和振动机构共同作用下的路面密实度峰值随振捣机构的工作频率变化趋势时，通常使振动频率保持恒定值，此时得到密实度随着振捣机构的工作频率的变化趋势如图 5.15 所示。

当振捣机构的工作频率小于最大振捣频率的 20% 时，频率和速度共同作用下的重叠振捣次数难以达到最佳振捣次数，振捣过后的铺层混合料状态松散，在熨平装置的压实作用下，可使摊铺密实度进一步增加。

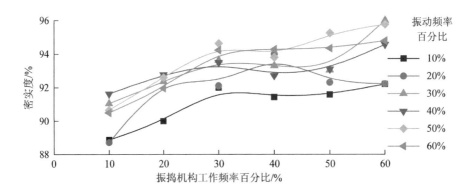

图 5.15　密实度与振捣机构工作频率百分比拟合曲线

当振捣机构的工作频率百分比在 30%～50% 之间，振动频率百分比为 10%、30%、40% 及 50% 时，摊铺后的路面密实度呈减小的趋势。

在施工过程中，由于振捣机构工作频率的变化，有可能抵消或降低熨平装置对沥青混合料的振动作用力，影响摊铺后的路面密实度。当振动频率为最大振动频率的 60% 时，随着振捣机构工作频率的增加，摊铺后的路面密实度整体呈现上升的趋势。

当振动机构不工作，只有振捣机构工作时，摊铺后的路面密实度随振捣机构工作频率的变化如图 5.16 所示。

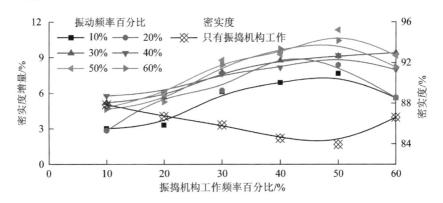

图 5.16　振动机构在不同振动频率时密实度增量与振捣频率百分比拟合曲线

对比图 5.15 中振捣机构和振动机构共同工作时的路面密实度，计算两者的差值，即可得到不同振动频率时的密实度增量。

相比于只有振捣机构作用时的路面密实度，加入振动机构作用后的路面密实度增长量随振捣频率的变化如图 5.16 所示。

当只有振捣机构工作，且振捣频率百分比在 40%～50% 之间时，摊铺后的路面密实度出现谷值。加入振动机构的压实作用后，对振动机构设置不同工作频率，振动机构作用下的密实度增量随着振捣频率的增加呈现先增长后趋于平缓的趋势。

当有振动机构工作，且振捣频率百分比在 40%～50% 之间时，密实度增量出现峰值，熨平装置使振捣弱压实位置处的密实度有所提升，随着振捣机构工作频率的继续增大，振动作用下熨平装置对铺层的进一步密实作用降低，密实度增量逐渐减小。

当对振动机构设置不同的振动频率时，摊铺后的路面密实度增量与只有振捣机构作用时的路面密实度之间的相关性分析是分析沥青路面高密实成型的关键，两者之间的相关性分析结果如表 5.14 所示。

表 5.14　密实度增量与振捣作用下的密实度相关性分析结果

密实度增量	振捣频率百分比/%						负相关系数
	10	20	30	40	50	60	
振动频率百分比/% 10	3.49	3.81	7.14	8.14	9.12	6.47	0.742
20	3.31	6.86	7.26	11.18	9.97	6.49	0.679
30	6.04	6.52	9.05	8.57	10.86	10.84	0.462
40	6.72	7.01	8.89	9.65	10.92	9.20	0.688
50	5.59	6.79	10.21	10.94	13.48	10.58	0.643
60	5.40	6.06	9.74	11.51	12.40	9.46	0.724

加入振动机构作用后的路面密实度增长量与只有振捣机构作用时的路面密实度整体呈相反的变化趋势。除了振动频率为最大振动频率的 30% 时，加入振动机构作用前后的密实度之间的负相关系数为 0.462，其余相关系数均大于 0.5。相比于只有振捣机构工作时路面获得的密实度，振捣机构和振动机构的共同作用增加了摊铺后的路面密实度，振动机构的压实作用可以补偿振捣机构弱压实位置处的密实度。

由于振动机构的压实能力有限，以及振捣机构工作频率对熨平装置振动作用力的影响，因此若继续增加振捣机构的工作频率，则会造成摊铺后的路面密实度增长量逐渐减小。

2. 振动频率的影响分析

当振捣机构和振动机构同时工作时，振捣机构工作频率百分比（工作频率占最大工作频率的百分数)的变化，会使熨平装置对铺层混合料进一步的密实作用存在差异。对振捣频率设置不同值，摊铺后路面密实度随振动频率变化的趋势如图 5.17 所示。

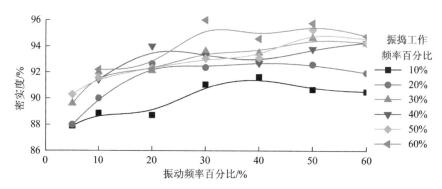

图 5.17　振捣机构不同工作频率时密实度与振动频率百分比拟合曲线

随着振动频率的增加，摊铺后的路面密实度整体呈现上升的趋势，但不会随振动频率的增加一直增长，当振动频率达到最大振动频率的 50% 时，密实度的增长趋于平缓。

根据表 5.10 的试验方案设置振捣机构的工作频率和振动机构的振动频率，摊铺完成后现场检测路面密实度。由于熨平装置前部振捣机构的工作频率不同，当熨平装置开始接触铺层混合料时，铺层混合料已经具有不同的初始密实度。

根据不同振动频率下无核密度仪采集的密实度—振动频率数据，结合 3.2 节中建立的摊铺机振动频率与混合料铺层密实度关系的数学模型，采用最小二乘法拟合 lqcurvefit 函数，对摊铺后的密实度与频率数据进行拟合并优化模型参数。

使振捣机构在不同工作频率下作用，得到振动频率与混合料铺层密实度关系数学模型参数计算结果，试验与仿真值的相关系数如表 5.15 所示。

表 5.15　振动频率与混合料铺层密实度关系数学模型拟合参数

振捣机构工作频率百分比/%	P_d	p_z	峰值密实度/%	R^2
10	87.91	1.83	91.9	0.9621
20	87.64	4.58	92.66	0.9905
30	88.79	5.74	94.29	0.9566
40	87.84	6.30	94.05	0.7843
50	86.63	7.82	94.33	0.8812
60	91.53	2.48	95.85	0.9008

由表 5.15 可知,混合料铺层密实度仿真值与试验值之间有很好的一致性。由于振捣机构工作频率的变化,振动熨平装置开始接触混合料时的密实度不同,同时振捣频率会影响熨平装置对沥青混合料的振动作用力,最终会改变模型参数值,如峰值密实度、振捣机构作用后的混合料密实度 P_d、模型系数 p_z 等。振捣机构在不同工作频率下作用时,摊铺后的路面密实度与振动频率拟合曲线如图 5.18 所示。

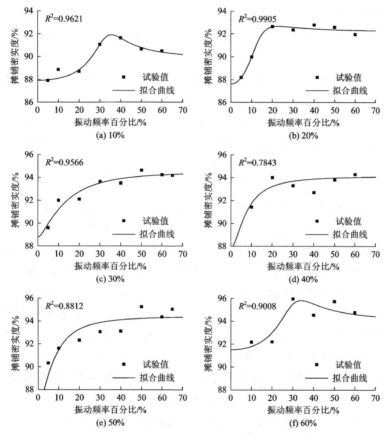

图 5.18 振捣机构不同工作频率时的密实度与振动频率百分比拟合曲线

当振捣机构工作频率为最大工作频率的 10% 时,随着振动频率的增加,密实度先增大后缓慢减小,在振动频率为最大振动频率的 40% 左右出现密实度峰值点;振捣机构工作频率为最大工作频率的 20% 时,密实度随振动频率变化曲线的峰值不突出,密实度峰值点出现在振动频率占最大振动频率的 25% 左右;当振捣机构工作频率为最大工作频率的 30% 时,随着振动频率的增加,摊铺密实度呈现增长趋势,在振动频率为最大振动频率的 15% 左右密实度的增长速率逐渐减小，没有明显的密实度峰值；振捣机构工作频率分别为最大频率的 40%和 50% 时，由于振捣机构工作频率对熨平装置振动响应的影响，熨平装置对沥青混合料铺层的振动作用力发生变化，熨平装置压实混合料时没有出现明显的峰值密实度。

当振捣机构工作频率达到最大频率的 60%，振动频率为最大振动频率的 35% 左右时出现密实度峰值点。密实度峰值点对应的振动频率为混合料具有一定密实度时，进一步振动压实混合料所需的最佳振动频率。当振捣机构和振动机构同时工作时，振动频率匹配在最佳振动频率附近，混合料铺层的密实度可以达到 90% 以上。

接下来分析振捣机构在不同工作频率下，混合料具有不同密实度时最佳振动频率的变化规律。如图 5.18(a) 和图 5.18(b) 所示，振捣机构工作频率为最大频率的 10% 和 20% 时，摊铺后的路面密实度分别为 87.87% 和 86.67%，相应的最佳振动频率分别为最大振动频率的 40% 和 25%，与前面沥青混合料 MTS 的压实试验结果一致。在振动压实过程中，随着混合料的密度逐渐增大，最佳振动频率也随之增加。当振捣频率为最大频率的 60%，振动频率为最大振动频率的 35% 时出现摊铺密实度峰值，摊铺后的路面密实度最大值达到 96%，远大于振捣机构工作频率为最大频率的 10% 和 20% 时的路面密实度。这是由于当振捣机构工作频率为最大频率的 60% 时，振捣机构作用后的混合料密实度提高，在振动机构的高密实压实作用下，摊铺后的路面密实度显著提高。

当经振捣机构作用后的混合料密实度很小时，振动机构对混合料的进一步压实更易实现，熨平装置对混合料的接触作用力较小，随着振动频率的增大，密实度持续上升，摊铺后的路面密实度曲线没有出现峰值。当有密实度峰值出现时，振捣机构作用后的混合料密实度增加，路面取得峰值密实度时所需的最佳振动频率增大。这是由于铺层混合料状态松散，空隙率高，熨平装置对混合料的压实主要表现为压缩变形，摊铺后的路面密实度随振动频率变化曲线的峰值不明显。随着振动频率的增加，摊铺后的路面密实度呈现增长趋势。

3. 模型系数分析

随着振捣机构作用后的混合料密实度逐渐增大，振动压实所需的最佳振动频率增加。为了进一步分析振捣机构作用后混合料密实度的变化对熨平装置振动压实特性的影响，需要分析模型参数的变化，包括阻尼系数 ζ、固有频率 ω_0 和模型系数 p_z。根据摊铺机熨平装置振动频率与混合料铺层密实度关系数学模型，当经振捣机构作用后的混合料具有不同密实度时，阻尼系数 ζ 与固有频率 ω_0 的变化如图 5.19 所示。

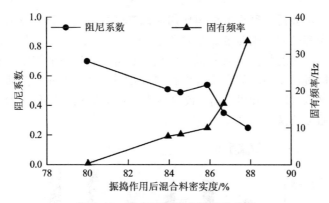

图 5.19　密实度模型参数变化曲线

随着振捣机构作用后的混合料密实度的增加,阻尼系数整体呈减小趋势,铺层固有频率随之增大。振捣机构工作频率的改变会影响熨平装置对混合料的振动作用力,会使密实度频率特性曲线的阻尼系数随之改变。由熨平装置对混合料的密实度频率特性曲线可知,阻尼系数会影响密实度频率特性曲线的形状,阻尼系数越小,密实度曲线峰值变化越明显,阻尼系数越大,曲线越平缓,密实度随振动频率变化越平缓。

振捣机构在不同工作频率下作用时,混合料密实度模型系数 ζ 和 p_z 的变化如图 5.20 所示。

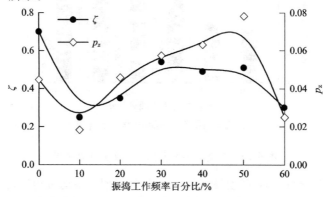

图 5.20　不同振捣工作频率下混合料密实度模型系数 ζ 和 p_z 的变化曲线

随着阻尼系数的增大,p_z 呈增长趋势。振捣机构作用后的混合料密实度小,阻尼系数大,密实度随振动频率的变化曲线较平缓,峰值密实度低。此时在振动机构作用下,熨平装置进一步压实混合料更容易,密实度增量较明显。因此,阻尼系数越大的铺层混合料,振动熨平装置对混合料的压实作用越显著,p_z 也随之增大。

　　下面进一步分析当经振捣机构作用后的混合料具有不同密实度时，振动频率匹配在高密实频率范围时的密实度增长量。结合图 5.18 中振捣机构在不同工作频率时的密实度与振动频率拟合曲线，不同振动频率下的混合料密实度相对于只有振捣机构作用时的密实度增长量如图 5.21(a)所示；振动频率匹配在高密实度频率范围以内和以外时，混合料密实度分别相对于只有振捣机构作用时的密实度的增长量如图 5.21(b)所示。

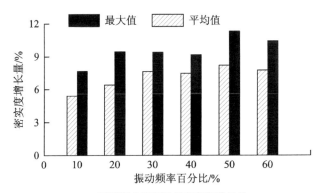

(a) 不同振动频率时的密实度增长量

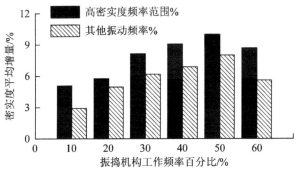

(b) 振动机构作用下的密实度平均增量

图 5.21　高密实频率范围下密实度计算结果

　　由图 5.21(a)可知，振动频率百分比为 10% 时，振动机构对混合料的密实度平均增长量小，随着振动频率的增加，密实度增长量平均值趋于稳定。振动频率百分比为 50% 时，振动机构对混合料密实度增长作用最为明显。

　　在图 5.21(b)中，由于振捣机构作用后的混合料密实度不同，振动机构作用后的密实度增长量也随之变化，但是振动频率匹配在最佳振动频率附近的密实度一直高于其他振动频率下的密实度。基于只有振捣机构作用时的混合料密实度，当振动频率匹配在高密实频率范围内时，相对于其他振动频率，可以使密实度提高 2%～6%。

5.4　摊铺机熨平装置振动作业优势

5.4.1　施工作业设备配套组织

为了提高路面摊铺密实度和作业效率，在提升摊铺性能的同时应保证以摊铺机为主导的各机械设备之间的高效协作，即搅拌站生产能力、运输车数量应和摊铺工艺参数相匹配。沥青混合料搅拌站的实际生产能力由式(5.15)计算。

$$Q_s = \sum Q_s(i) = K_1 K_2 Q_M(i) = K_1 K_2 N(i) W(i) \times 10^{-3} \qquad (5.15)$$

式中：$Q_s(i)$——第 i 台搅拌设备的实际生产能力，单位为 m^3/h；

　　　　$Q_M(i)$——第 i 台搅拌设备的理论生产能力，单位为 m^3/h；

　　　　Q_s——整个搅拌站的实际生产能力，单位为 m^3/h；

　　　　$N(i)$——第 i 台搅拌设备的规定工作循环次数；

　　　　$W(i)$——第 i 台搅拌设备的公称容量，单位为 L；

　　　　K_1——时间利用率，取值如表 5.16 所示；

　　　　K_2——工艺系数，通常取值为 0.8。

表 5.16　时间利用率

利用率	高	较高	一般	低
K_1	0.95~1.0	0.9~0.95	0.85~0.9	0.8~0.85

为了保证摊铺机连续稳定作业，需要对搅拌站生产能力有所要求，如式(5.16)所示。

$$Q_s \geqslant 60 v W H \qquad (5.16)$$

式中：v——摊铺速度，单位为 m/min；

　　　　W——摊铺宽度，单位为 m；

　　　　H——摊铺厚度，单位为 m。

应根据目标配合比设计确定的各种规格料的供料比例和冷料给料器的标定曲线，选择合理的设定流量。

基于表 5.16 中的参数对沥青混合料进行试拌，确定合理的拌和时间，以保证混合料拌和均匀，所有矿料颗粒全部裹覆沥青结合料。拌和时间范围如表 5.17 所示。

表 5.17　拌和时间范围

项　　目	干拌时间/s	湿拌时间/s	总拌和时间/s	拌和周期/s
A 级 90 号沥青	≥5~10	≥25	≥30	≥45

沥青混合料施工温度按照表 5.18 选择。应严格控制沥青及各种集料的加热温度以及沥青混合料的出厂温度，集料温度应比沥青温度高 10～15℃。

表 5.18　普通 AC 沥青施工温度控制范围

项目	沥青温度 /℃	矿料温度 /℃	出料温度 /℃	运输温度 /℃	摊铺温度 /℃	碾压温度 /℃	使用温度 /℃
要求	160～175	180～200	175～185	≥170	≥160	≥90	≤50

本书试验中的混合料拌和设备采用一套辽阳筑路 4000 型间歇式搅拌机，额定生产能力为 320 t/h，能够满足生产施工需求。沥青混合料每盘的拌和时间为 55 s，可以保证沥青均匀裹覆。

拌和好的热沥青混合料通过运输车运送到摊铺现场，采用插入式热电偶温度计对沥青混合料深度大于 150 mm 的到场温度进行检测。试验段运输车数量根据运距、拌和能力、摊铺能力、速度等因素，按照式(5.17)确定。

$$N_c(i) = 0.017 \rho K_0 t_a(i) \frac{Q_s(i)}{G(i)} \qquad (5.17)$$

式中：$N_c(i)$——拌和站所需的运输车数量；

　　　K_0——运输车的储备系数，一般根据道路状况取 1.1～1.2；

　　　$t_a(i)$——拌和站完成一个运输循环所需的时间，单位为 min；

　　　$G(i)$——拌和站所需运输车的载重量，单位为 kg；

　　　ρ——混合料密度，单位为 t/m³。

拌和站完成一个运输循环所需的时间包括运输车装料所需时间 t_b、运输车运料和空返时间 t_c 以及运输车卸料和待卸料时间 t_d。

运输车装料所需时间由式(5.18)计算：

$$t_b = 60 \frac{G}{Q} \qquad (5.18)$$

式中：t_b——运输车装料时间，单位为 min；

　　　G——运输车平均载重量，单位为 t；

　　　Q——搅拌设备生产能力，单位为 t/h。

运输车运料和空返时间由式(5.19)计算：

$$t_c = 60 \left(\frac{L}{V_y} + \frac{L}{V_k} \right) \qquad (5.19)$$

式中：t_c——运输车运输时间，单位为 min；

　　　L——混合料运输距离，单位为 km；

　　　V_y——运输车平均运料速度，单位为 km/h；

　　　V_k——运输车平均空返速度，单位为 km/h。

运输车卸料和待卸料时间由式(5.20)计算：

$$t_d = \frac{(n_x + 1)G}{BHpv} \qquad (5.20)$$

式中：t_d——运输车卸料和待卸料时间，单位为 min；

      G——运输车平均载重量，单位为 t；

      n_x——待卸料运输车数量；

      B——路幅宽度，单位为 m；

      H——摊铺厚度，单位为 m；

      p——混合料密实成型后的密度，单位为 t/m^3；

      v——摊铺速度，单位为 m/min。

根据计算结果，确定运输车为 10 台，摊铺机前方应至少有 5 辆运料车等候卸料。

5.4.2 作业振动参数调节

试验对复合熨平装置摊铺机的配置要求如表 5.19 所示。

表 5.19 摊铺机配置要求

项目	基本要求	指 标
熨平装置	振捣锤＋主熨平装置＋副熨平装置	摊铺宽度 3～6.5 m，厚度 30～50 mm
振捣机构	振捣工作频率与振捣冲程可以调节	振幅 3 mm 和 5 mm，振捣频率 0～23 Hz
振动机构	振动频率可以调节	振动频率 0～50 Hz
操作界面	可显示并调节振捣工作频率、振动频率、摊铺速度	振捣机构和振动机构实现无级调频

通过对摊铺机熨平装置对混合料压实特性的分析与试验研究可知，根据铺层厚度选取适当的振捣冲程后，可通过调节振捣机构的工作频率和摊铺速度来改变作用在铺层混合料上的重叠振捣次数。

由于振捣机构工作频率过高会影响熨平装置对混合料的振动作用力，从而降低路面平整度与密实度分布均匀性，因此振捣机构的工作频率不能设置得太高，并且需要采用振动机构对混合料进一步压实。随着混合料密实度的增加，所需要的最佳振动频率增大。由于主熨平装置压实能力有限，不能使混合料达到高密实状态，因此需要采用副熨平装置，以提高振动频率，对混合料进行二次密实。

根据以上分析可得摊铺机高密实成型参数确定流程，如图 5.22 所示。

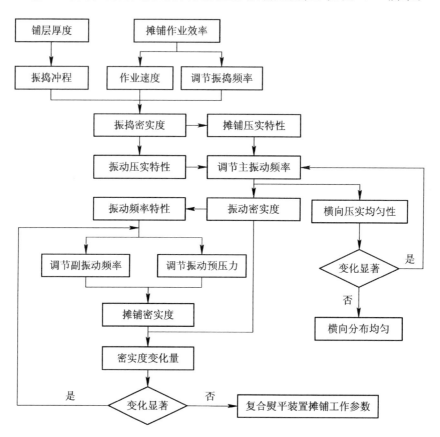

图 5.22　高密实成型参数确定流程

为了保证有充足的重叠振捣次数作用于混合料，需要根据夯锤接地宽度、摊铺速度和振捣机构工作频率共同决定的最佳振捣次数，确定相应的振捣机构工作频率和摊铺速度。首先根据摊铺速度阈值初步确定振捣机构工作频率可选择范围，再根据摊铺层的厚度和混合料级配特性来确定振捣冲程，最后通过试验段试铺来确定振捣冲程和振捣机构工作频率的最终取值。此时可通过适当降低摊铺速度来提高铺层密实度。

当振捣机构工作频率的取值确定后，可根据振捣机构作用后的混合料密实度，确定振动机构的振动频率范围。当摊铺后的路面密实度异常偏低时，可根据密实度频率特性曲线，调整振动频率。不同摊铺参数组合推荐值如表 5.20 所示。

表 5.20　摊铺参数推荐值

组合	摊铺速度/(m/min)	振捣机构工作频率/Hz	主振动频率/Hz	副振动频率/Hz
1	1.0～2.0	4～10	10～25	≥30
2	2.0～4.0	8～17	15～25	≥30
3	＞4.0	17～22	18～25	≥30

对于副振动熨平装置的振动频率，应结合振捣机构不同工作频率时的密实度频率特性曲线及沥青混合料 MTS 压实试验进行调节。当副熨平装置开始进行压实时，混合料铺层的密实度已经很高，此时副熨平装置的振动频率应高于主熨平装置的振动频率。

为了达到高密实摊铺压实效果，即为了使采用高密实成型技术摊铺后的密实度达到马氏密度的 95％左右，实现摊铺后的路面密实度高于传统摊铺施工工艺下的密实度，应采用推荐摊铺参数进行高密实摊铺作业，摊铺过程如图 5.23 所示。

图 5.23　高密实成型摊铺作业过程

这里采用传统的碾压工艺进行对比分析。传统碾压作业过程为：双钢轮前进时静压，后退时弱振初压一遍，双钢轮振动压路机强振（高频低幅）复压两遍后再采用胶轮压路机静压方式复压两遍，终压采用双钢轮静压收面，如图 5.24 所示。

图 5.24　传统碾压作业过程

5.4.3 作业效果与质量分析

表 5.21 为副熨平装置不振时的主要摊铺参数。振捣机构不同工作频率和振动频率组合下的试验结果如表 5.22 所示。

表 5.21 副熨平装置不振时摊铺机工艺参数

作业工况	振捣机构工作频率/Hz	振捣冲程/mm	振动频率/Hz	摊铺速度/(m/min)
副熨平装置不振	<22	5	<40	3

表 5.22 不同频率组合摊铺后的密实度

振动频率/Hz	摊铺密实度/%			
	低振捣<6 Hz	较低振捣 6～12 Hz	较高振捣 13～17 Hz	高振捣 18～22 Hz
0	85.63	86.15	84.24	86.6
3.94	87.31	89.60	90.30	—
7.11	87.79	90.29	91.51	92.20
13.45	89.41	91.15	93.15	92.22
19.79	89.58	92.35	93.17	94.57
26.13	90.19	92.64	92.91	95.99
32.47	90.30	92.63	94.53	95.76
38.81	90.47	92.23	94.31	94.79
41.98	90.42	—	94.65	—

表 5.22 为不同频率组合下摊铺后的路面密实度，铺层厚度为 50 mm。当振捣频率小于 6 Hz 时，振动熨平装置压实过后的最大摊铺密实度为 90.47%（相对于马氏密度），随着振捣频率的增加，摊铺后路面的最大密实度逐渐增大。当振捣频率在 18～22 Hz 时，振捣机构和振动机构共同作用下的最大密实度可以达到 95.99%。基于振动机构不工作时摊铺后的路面密实度，将密实度较低的两组称为低振捣密实度工况，即低振捣频率范围（小于 6 Hz）和较高振捣频率范围（13～17 Hz）；密实度较高的两组称为高振捣密实度工况，即较低振捣频率范围（6～12 Hz）和高振捣频率范围（18～22 Hz）。在这两种工况下，振动机构在相邻两个振动频率时摊铺后的路面密实度变化如图 5.25 所示。

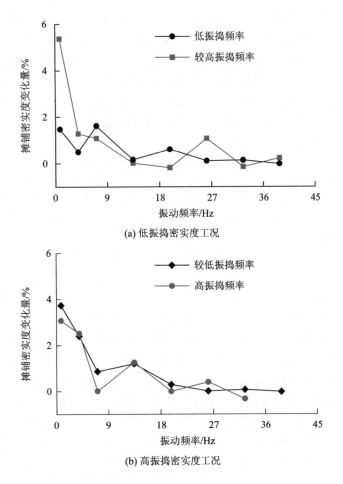

图 5.25　两种工况下摊铺密实度变化

当振动熨平装置由不振到振动时，两种工况下摊铺后的路面密实度增长量均达到最大值，只是低振捣密实度工况下的增长量大于高振捣密实度工况下的密实度增长量，这说明较低密实度的铺层混合料容易进一步压实。当混合料达到或接近密实度增长量饱和点时，若要进一步增大密实度，就需要增加振动能量。当密实度增长量达到最大值时，随着振动频率的进一步增加，密实度增长量出现波动，但整体呈减小趋势。

如图 5.25(a) 所示，当熨平装置不振动时，两个振捣机构工作频率下的混合料密实度均较低。当熨平装置由不振到 4 Hz 振动时，较高振捣频率与振动频率组合下的密实度增长量明显高于低振捣频率与振动频率组合下的密实度增长量，之后随着振动频率的增加，低振捣频率组合下的密实度增长量逐渐减小。

如图 5.25(b)所示,在较低振捣频率与振动频率组合下,随着振动频率的增加,密实度增长量逐渐减小。在高振捣频率和不同振动频率组合下,随着振动频率的增加,在 6～12 Hz 振动频率范围内,振动机构作用后的密实度增长明显,之后在 26～33 Hz 振动频率范围内,密实度进一步增加。当振捣机构作用后混合料具有相同密实度,振动机构进一步压实混合料铺层时,振捣机构高的工作频率更容易影响熨平装置对混合料的压实效果。

副熨平装置不振时,高密实成型摊铺参数如表 5.23 所示。

表 5.23　高密实成型摊铺参数

作业工况	振捣机构工作频率/Hz	振动频率/Hz	摊铺后的密实度/%	摊铺后的最大密实度/%
低振捣密实度	<6	7～13	87.79～89.41	90.47
	13～17	20～33	92.91～94.53	94.65
高振捣密实度	6～12	>20	92.23～92.64	92.64
	18～22	26～33	94.79～95.99	95.99

为了研究采用高密实成型技术摊铺后的路面密实度增长效果,需要采用推荐摊铺参数进行高密实摊铺作业,同时采用传统的碾压工艺进行碾压,并对比分析采用高密实摊铺技术后的路面密实度与传统摊铺工艺下的路面密实度。

高密实摊铺成型作业与传统碾压作业后的路面密实度如表 5.24 所示。

表 5.24　高密实摊铺成型作业与传统碾压作业后的路面密实度

工艺	密实度/%	0.5	1	2	3	4	5	6	7
传统摊铺＋传统碾压	摊铺后	—	钢轮静碾	钢轮弱振	钢轮强振	钢轮强振	胶轮静碾	胶轮静碾	钢轮静碾
	89.75	—	91.59	96.17	97.24	97.72	97.89	97.19	98.79
高密实＋传统工艺	摊铺后	钢轮静碾	钢轮弱振	钢轮强振	钢轮强振	钢轮强振	胶轮静碾	胶轮静碾	钢轮静碾
	95.60	97.99	98.79	99.44	100.22	100.49	99.45	98.83	100.06
高密实成型一次摊铺	摊铺后	钢轮静碾							
	95.60	97.99							

采用高密实成型技术摊铺后,双钢轮压路机前进碾压一次,路面密实度达到室内马氏密度的 97.99%,满足路面密实度质量检测要求。对比分析高密实摊铺成型作业与传统摊铺作业后的压实效果,每一次碾压后的路面密实度与碾压遍数的关系如图 5.26 所示。

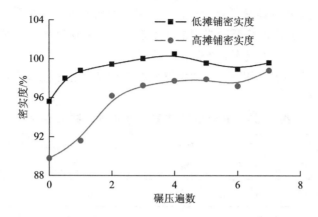

图 5.26　不同摊铺密实度时路面密实度与碾压遍数的关系

当采用高密实成型技术摊铺后的路面密实度为 95.60％时，随着碾压遍数的增加，路面密实度先增大后减小。

双钢轮压路机前进静压一次结束后，路面密实度就已经满足施工规范要求了，之后密实度随着碾压遍数的增加呈现上下波动，但是碾压密实度均高于相对实验室马氏密度的 96％，满足施工规范要求。

采用传统摊铺作业后的路面密实度为 89.75％，随着碾压遍数的增加，铺层密实度逐渐增大，当碾压三遍结束后，路面密实度达到 96.94％，此时才能满足路面密实度规范要求。

采用高密实摊铺成型技术，每一次碾压过后密实度增长量的变化如图 5.27 所示。

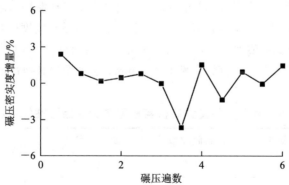

图 5.27　碾压后密实度增量与碾压遍数关系

如图 5.27 所示，钢轮前进一次静碾压结束后，铺层密实度有明显的增长量，压实效率高，之后随着碾压遍数的增加，密实度增长量逐渐减小。试验结果表明，当采用沥青路面高密实成型技术后，一次摊铺完后的路面密实度接近或达到 96％时，仅需压路机碾压一次，沥青路面密实度就完全满足施工规范密实度要求。再增加作用给沥青路面的压实功，对于铺层密实度的增加没有明显效果，反而会增加施工成本，降低施工效率。

在复合熨平装置作用下，不同振捣机构工作频率和振动频率组合下的试验结果如表 5.25 所示。

表 5.25　复合熨平装置高密实成型摊铺参数

参数组合	振捣机构工作频率/Hz	主振动频率/Hz	副振动频率/Hz	主熨平装置摊铺密实度/％	复合熨平装置摊铺密实度/％
1	13～17	14～35	＞30	92～94	93～97
2	6～12	20～30	＞30	93～95	94～97
3	13～22	20～30	＞30	94～96	96.4～97.3

当主、副熨平装置均振动时，适当降低振捣机构的工作频率仍可以达到一次摊铺后的沥青路面高密实成型，避免了振捣机构过大的工作频率对熨平装置压实效果的影响，提高了摊铺压实均匀性。

当采用表 5.25 中组合 3 的摊铺工艺时，摊铺机对沥青混合料仅通过一次摊铺，路面密实度就可以满足公路工程质量检测评定标准规范要求。现场取芯后在实验室内采用水中重法进行计算，沥青面层密实度均大于 96％，满足规范中相对室内马氏密度，密实度不小于 96％的要求。

沥青路面高密实成型方法提高了沥青面层密实度，接下来进一步采用激光平整度测试仪 LPS-P 检测路面平整度。对国道 331 线二连浩特口岸至满都拉图段公路(K75＋000～K76＋600 段)50 mm AC-16 上面层平整度的检测结果是：在 95％置信水平下，平整度标准差在 0.51～0.74 mm 之间，平均值为 0.65 mm，优于公路工程质量检测平整度评定标准 1.2 mm。沥青面层其他性能指标检测如表 5.26 所示。

表 5.26　复合熨平装置高密实成型摊铺后路面性能检测结果

项目	空隙率/％	矿料间隙率/％	沥青饱和度/％	稳定度/％
技术指标	3～5	≥12.5	65～75	≥8
检测结果	3.7(合格)	13.1(合格)	71.7(合格)	15.96(合格)
项目	残留稳定度	流值/mm	动稳定度/(次/mm)	渗水系数/(mL/min)
技术指标	≥80	2～4	≥2400	≤120
检测结果	89.0(合格)	3.3(合格)	＞6000(合格)	42(合格)

5.4.4　经济效益分析

与传统沥青路面施工方法相比，采用沥青路面高密实成型技术摊铺后的路面密实度可以达到马氏密度的 90%～96%，减少了碾压作业遍数，降低了碾压作业对路面的推移，提高了路面压实均匀性与压实平整度，保证了沥青路面平整度在 0.8 mm 以内。

由于需要的施工时间较短，因此可以缩短沥青混合料从高温松散状态到成型路面的允许施工时间，从而降低了沥青的出料温度，减少路面施工作业对周围环境的影响，有效改善了混合料的老化问题，避免了不必要的能源浪费。

高密实摊铺成型技术较传统施工方法的碾压遍数减少了 40%，简化了施工过程，缩短了施工周期，在短时间内即可开放交通，同时减少了现场工作人员和施工设备数量，降低了 20% 的能源消耗，路面施工效率提高了 15%。

传统的沥青路面施工过程中需要 2～3 台压路机，每台压路机需要配备一个压路机司机及相关工作人员 1～2 人，同时每台压路机每小时耗油约 27 升。按照施工工作人员每人每天工资 200 元，每天减少施工人员 5 人，3 台压路机每天共减少燃油消耗 500 升，每升燃油 6.2 元，总成本每天可减少 4100 元。以一个施工周期为 60 天计算，可节约成本约 24 万元，达到总施工成本的 20%，显著降低了施工成本。

5.5　本 章 小 结

本章基于摊铺机熨平装置对混合料压实特性的研究结果，采用正交试验设计方法进行摊铺机工作参数匹配，确定了高密实成型摊铺参数，并将高密实成型技术与传统施工方法对比分析，进行高密实成型摊铺工程试验验证，得到如下主要结论：

（1）确定了摊铺速度为 2.5 m/min、振捣机构工作频率为 17 Hz 和振动频率为 30 Hz 的最佳组合方式，得到了振捣机构工作频率、振动频率和摊铺速度对摊铺后路面密实度的影响程度。摊铺速度对密实度具有显著影响，振动频率对其影响较显著，振捣机构的工作频率对其影响不显著。

（2）通过熨平装置频率特性试验研究了振捣机构和振动机构共同作用时熨平装置振动频率响应特性，分析了熨平装置响应主频率分量及对应的频谱峰值，即作用于熨平装置的频率成分主要由振动频率、振捣机构的工作频率及其各成分组成，振动频率对应的位移频谱峰值均高于其他振动分量对应的位移频谱峰值，确定了振动频率为影响熨平装置位移的主要因素。仿真结果与试验结果整体相符,验证了熨平装置动力学频率响应分析结果的正确性。

(3) 当振捣机构作用后的混合料密实度小于 85% 时,随着振动频率的增大,密实度增加,没有明显的密实度峰值。当有密实度峰值出现时,振捣机构作用后的混合料密实度增大,路面取得峰值密实度时所需的最佳振动频率也增加。初始密实度在 86%~88% 之间,振动频率百分比在 25%~45%(17~30 Hz)时出现密实度峰值点;初始密实度在 83%~85% 之间,随着振动频率的增加,在 15%(10 Hz)左右出现拐点,没有明显的密实度峰值,为摊铺机振动机构的设计及振动参数的选择提供了参考。

(4) 设计了沥青路面高密实成型摊铺试验方案,研究了高密实成型压实效果。在副熨平装置不振动工况下,振捣机构作用后的密实度为 85% 左右时,振动频率为 13~26 Hz 时与振捣机构低工作频率组合下的最大摊铺密实度为 90.19%。振捣机构作用后的密实度为 87% 左右,振动频率为 26~33 Hz 时与振捣机构高工作频率组合下的最大摊铺密实度可以达到 95.99%,仅碾压一次,沥青路面密实度就可以满足施工规范密实度要求。在副熨平装置振动工况下,可以降低振捣机构工作频率到 6~17 Hz 之间,同时主振动频率在 20~30 Hz 之间,副振动频率大于 30 Hz,摊铺后的路面密实度达到马氏密度的 94%~97%,相比传统摊铺方法提高了 4%~7% 的密实度,根据试验段路面质量要求平整度标准差在 95% 置信水平下减小了 0.35 mm,提高了成型路面质量。

参 考 文 献

[1] 2017 年交通运输行业发展统计公报[J]. 人民公交, 2018, (5): 31 - 32.

[2] CUI X, ZHANG J, ZHANG N, et al. Laboratory simulation tests of effect of mechanical damage on moisture damage evolution in hot-mix asphalt pavement[J]. International Journal of Pavement Engineering, 2015, 16(8): 699 - 709.

[3] 孙祖望. 当代路面与压实机械发展的新趋势[J]. 筑路机械与施工机械, 2015, 32(1): 40 - 52.

[4] 刘昕. 沥青路面碾压智能质量控制施工技术研究[J]. 筑路机械与施工机械化, 2014, 31(10): 46 - 50.

[5] 李汉光, 高英, 余文斌. 沥青混合料压实特性及沥青路面碾压遍数确定[J]. 东南大学学报(自然科学版), 2011, 41(1): 186 - 189.

[6] KIM M, MOHAMMAD L N, PHALTANE P, et al. Density and SCB measured fracture resistance of temperature segregated asphalt mixtures[J]. International Journal of Pavement Research & Technology, 2017, 10(2): 112 - 121.

[7] NEVALAINEN N, PELLINEN T. The use of a thermal camera for quality assurance of asphalt pavement construction[J]. International Journal of Pavement Engineering, 2016, 17(7): 626 - 636.

[8] 张宏超, 孙立军. 沥青路面早期损坏的现象与试验分析[J]. 同济大学学报(自然科学版), 2006, 34 (3): 331 - 334.

[9] 陈龙. 沥青路面施工质量与初期损害关系[J]. 交通世界, 2018, (10): 76 - 77.

[10] 刘洪海. 高性能沥青混合料材料特性与施工技术研究[D]. 武汉理工大学, 2008.

[11] 赵建波. 重载作用下半刚性沥青路面动态响应分析[D]. 石家庄铁道大学, 2014.

[12] 李坤. 公路沥青路面摊铺和碾压施工技术探究初探[J]. 中国新技术新产品, 2017, (7): 83 - 84.

[13]　AIREY G D, COLLOP A C. Mechanical and structural assessment of laboratory-and field-compacted asphalt mixtures [J]. International Journal of Pavement Engineering, 2016, 17(1): 50 - 63.

[14]　PLATI C, GEORGIOU P, LOIZOS A. Influence of different roller compaction modes on asphalt mix performance [J]. International Journal of Pavement Engineering, 2016, 17(1): 64 - 70.

[15]　焦生杰, 顾海荣. 摊铺机高密实度熨平装置振捣装置的结构形式[J]. 筑路机械与施工机械化, 2013, 30(9): 37 - 43.

[16]　郭小宏. 高速公路沥青混凝土路面施工工艺与路面设备性能[J]. 建筑机械, 2011, (1): 36 - 39.

[17]　中国公路学报编辑部. 中国公路交通学术研究综述 · 2012[J]. 中国公路学报, 2012, 25(3): 2 - 50.

[18]　MANGIAFICO S, Sauzā © At C, BENEDETTO H D, et al. Complex modulus and fatigue performances of bituminous mixtures with reclaimed asphalt pavement and a recycling agent of vegetable origin [J]. Road Materials & Pavement Design, 2017, 18(2): 315 - 330.

[19]　姚怀新. 高等级公路摊铺工艺与摊铺机技术发展方向讨论[J]. 建设机械技术与管理, 2005, (8): 41 - 44.

[20]　阮国平, 姚国荣. 沥青摊铺机振捣装置的数学模型及参数分析[J]. 建筑机械, 1992, (8): 12 - 18.

[21]　王涛, 陈标, 高攀, 等. 传统偏心振动机构与新型无冲击振动偏心机构对比[J]. 工程机械与维修, 2015, (3): 54 - 56.

[22]　冯忠绪, 朱林波, 王宪雪, 等. 摊铺机振捣机构的动力学仿真与参数选择[J]. 中国工程机械学报, 2009, 7(1): 26 - 30.

[23]　孙志刚. 摊铺机宽幅熨平装置横向振动特性试验研究[J]. 筑路机械与施工机械化, 2016, 33(1): 98 - 101.

[24]　殷超, 张建润, 石统蒙, 等. 摊铺机振捣机构多重相位对动力学特性影响[J]. 振动与冲击, 2018, 37(8): 167 - 171.

[25]　刘洪海, 谢王宝, 郝玉飞. 摊铺机自动调平熨平装置运动学模型与特性[J]. 长安大学学报(自然科学版), 2015, 35(5): 153 - 158.

[26]　南静, 顾程鹏, 赵勇. 基于有限元法的 4.5m 熨平装置结构优化设计[J]. 筑路机械与施工机械化, 2015, 32(8): 43 - 45.

[27]　何义, 李晓辉, 李耀. 摊铺机振捣器参数对熨平装置作业影响[J]. 建设机械技术与管理, 2015, 28(2): 119 - 121.

[28] 许庆. 摊铺机振捣机构的运动学分析[J]. 筑路机械与施工机械化, 2006,23(3):15-19.

[29] 于槐三. LT5 型摊铺机压实度的设计[J]. 筑路机械与施工机械化, 1997,14(3):2-5.

[30] 于槐三. 摊铺机熨平装置设计[J]. 建设机械技术与管理,2009,22(5): 101-105.

[31] 王国富,门唯佳,张大卫. 应用于摊铺机熨平装置的综合设计方法[J]. 沈阳工业大学学报,2005,27(5):481-484.

[32] 王翠芳. 摊铺机的参数选择和调整[J]. 山西建筑,2006,32(17): 325-326.

[33] 冯忠绪,土林林,赵利军. 熨平装置温度场分析及热变形补偿技术[J]. 中国工程机械学报,2007,5(3):313-316.

[34] 孙祖望,刘洪海. 沥青路面平整度的传递规律及其试验研究(1)[J]. 筑路机械与施工机械化,1999,16(1):8-11.

[35] 孙祖望,刘洪海. 沥青路面平整度的传递规律及其试验研究(2)[J]. 筑路机械与施工机械化,1999,16(2):10-15.

[36] 孙祖望,刘洪海. 沥青路面平整度的传递规律及其试验研究(3)[J]. 筑路机械与施工机械化,1999,16(3):11-13.

[37] HARDY M S A, CEBON D. Importance of speed and frequency inflexible pavement response[J]. Journal of Engineering Mechanics, 1994,120(8):463-482.

[38] HENK F, VANDER M, MARTIN K, et al. Evaluation of the effect of a payer's trolley on productivity, task demands, workload and local discomfort[J]. International Journal of Industrial Ergonomics, 2011, 41:59-63.

[39] 胡永华,汪谷香. 摊铺机作业性能设计[J]. 建筑机械,2006,(11): 59-62.

[40] 姚运仕,刘怀智,康敬东,等. 相位关系对摊铺机振捣机构力学性能的影响[J]. 建筑机械,2007,(9):69-72.

[41] 张超群,李民孝,司江林. 沥青混合料摊铺机振动振捣装置性能参数分析及设计计算[J]. 筑路机械与施工机械化,2003,20(1):3-4.

[42] 和晓军,陶永生,张广岩. 基于人工神经网络的摊铺机振动梁结构动态设计研究[J]. 沈阳工业学院学报,2001,20(1):22-25.

[43] 汤炳新,和晓军. 摊铺机振动梁结构动态特性设计研究[J]. 河海大学常

州分校学报，2000，14(4)：6-11.

[44] 王占军，汤柄新，陶永生. 摊铺机振动梁动态有限元分析[J]. 筑路机械
与施工机械化，2004，21(2)：17-19.

[45] 卢永军. 一种高密实度新型熨平装置设计与研究[J]. 长安大学，2016.

[46] 张志友，苏旭盛. 沥青摊铺机作业质量的评价指标[J]. 筑路机械与施工
机械化，2010，27(10)：42-44.

[47] 张新荣. 沥青混凝土摊铺机熨平装置与热沥青混合料相互作用的动力学
模型[J]. 筑路机械与施工机械化，1999，16(1)：12-15.

[48] LEE K W W, WILSON K, HASSAN S A. Prediction of performance
and evaluation of flexible pavement rehabilitation strategies[J]. Journal
of Traffic and Transportation Engineering，2017，4(2)：178-184.

[49] HARMAN T, D'ANGELO J, BUKOWSKI J. The Future of Asphalt
Pavements[J]. American Society of Civil Engineers，2006，(7)：71-83.

[50] HUI H, WANG T, WANG S, et al. Investigation on the Pavement
Performance of Asphalt mixture Based on Predicted Dynamic Modulus
[J]. Construction & Building Materials，2016，106：11-17.

[51] ULVESTAD B, RANDEM B G, Øivind Skare, et al. Lung function in
asphalt pavers：a longitudinal study[J]. International Archives of
Occupational & Environmental Health，2016，90(1)：1-9.

[52] 王飞. 沥青路面摊铺机作业过程仿真及振动装置研究[D]. 长安大
学，2013.

[53] 罗丹. 沥青摊铺机压实系统动力学分析及动态设计[D]. 长安大
学，2012.

[54] TIHONOV A, VELICHKIN V. Paver automation for road surfacing
[C]// IOP Conference Series：Earth and Environmental Science. IOP
Conference Series：Earth and Environmental Science，2017：121-125.

[55] 马强. 沥青路面摊铺机熨平装置工作特性的研究[D]. 长安大学，2013.

[56] 孙健. 熨平装置动态特性及其振动稳定性的研究[D]. 中国矿业大
学，2013.

[57] 张新荣，赵国普，孙祖望. 沥青混凝土摊铺机熨平装置的动力学分析
[J]. 西安公路交通大学学报，2001，(1)：95-98.

[58] 姚运仕，刘怀智，康敬东，等. 相位关系对摊铺机振捣机构力学性能的
影响[J]. 建筑机械，2007，(17)：69-72.

[59] 宫照民，韩清凯，闻邦椿，等. 摊铺机振捣器-介质系统的运动规律和动

力学特性研究[J]. 筑路机械与施工机械化，2000，17(1)：6 - 7.

[60] 王宪雪，赵利军，朱林波，等. 基于 ADAMS 的摊铺机振捣机构动力学仿真研究[J]. 建筑机械，2009，(9)：69 - 73.

[61] 王润宝. 摊铺机振捣器的动力学分析与应用[D]. 长安大学，2009.

[62] 罗天洪，熊中楷，甘信富，等. 基于 AMESim 的摊铺机振捣系统的仿真研究[J]. 机床与液压，2011，39(5)：18 - 20.

[63] 黄志福，梁乃兴，赵毅，等. 路面压实度自动连续检测技术[J]. 长安大学学报(自然科学版)，2015，35(6)：24 - 32.

[64] 吴庆雄，陈宝春，奚灵智. 路面平整度 PSD 和 IRI 评价方法比较[J]. 交通运输工程学报，2008，8(1)：36 - 41.

[65] AIREY G D, COLLOP A C. Mechanical and structural assessment of laboratory- and field-compacted asphalt mixtures [J]. International Journal of Pavement Engineering，2016，17(1)：50 - 63.

[66] KUMAR S A, ALDOURI R, NAZARIAN S, et al. Accelerated assessment of quality of compacted geomaterials with intelligent compaction technology[J]. Construction & Building Materials，2016，113：824 - 834.

[67] HAININ M R, YUSOFF N I M, SATAR M K I M, et al. The effect of lift thickness on permeability and the time available for compaction of hot mix asphalt pavement under tropical climate condition [J]. Construction & Building Materials，2013，48(19)：315 - 324.

[68] 美卓戴纳派克公司，芠楚. 压实与摊铺之一压实技术的应用[J]. 工程机械与维修，2003，(1)：49 - 51.

[69] 刘洪海，孙昌泉，周智勇. 摊铺机振动参数对沥青混合料密实度影响研究[J]. 武汉理工大学学报，2013，35(10)：65 - 68.

[70] MICAELO R, AZEVEDO M C, RIBEIRO J. Hot-mix asphalt compaction evaluation with field tests[J]. Baltic Journal of Road and Bridge Engineering，2014，9(4)：306 - 316.

[71] MOGAWER W S. Evaluation of the effects of hot mix asphalt density on mixture fatigue performance, rutting performance and MEPDG distress predictions[J]. International Journal of Pavement Engineering，2011，12(2)：161 - 175.

[72] KASSEM E, SCULLION T, MASAD E, et al. Comprehensive evaluation of compaction of asphalt pavements and a practical approach for density

predictions [J]. Transportation Research Record Journal of the Transportation Research Board, 2012, 2268(-1): 98 - 107.

[73] 韩春华, 熊京民. 美国战略公路研究项目[J]. 国外公路, 1996, (6): 1 - 4.

[74] BEAINY F, COMMURI S, ZAMAN M. Quality assurance of hot mix asphalt pavements using the intelligent asphalt compaction analyzer[J]. Journal of Construction Engineering & Management, 2012, 138(2): 178 - 187.

[75] STASTNA J, ZANZOTTO L, BERTI J. How good are some rheological models of dynamic material functions of asphalt[J]. Journal of Asphalt Paving Technologists, 1997, 66: 458 - 485.

[76] 邹均平, 汪志勇, 张天泽. 表面层 AC - 13C 沥青混合料压实厚度试验研究[J]. 中外公路, 2009, 29(4): 211 - 213.

[77] HAININ M R, OLUWASOLA E A, BROWN E R. Density profile of hot mix asphalt layer during compaction with various types of rollers and lift thickness[J]. Construction & Building Materials, 2016, 121: 265 - 277.

[78] BEAINY F, SINGH D, COMMURI S, et al. Laboratory and field study on compaction quality of an asphalt pavement[J]. International Journal of Pavement Research & Technology, 2014, 7(5): 317 - 323.

[79] 陈骁, 应荣华, 郑健龙, 等. 基于 MTS 压缩试验的热态沥青混合料黏弹塑性模型[J]. 中国公路学报, 2007, 20(6): 25 - 30.

[80] 张争奇, 边秀奇, 杜群乐, 等. 沥青混合料压实特性影响因素研究[J]. 武汉理工大学学报, 2012, 34(6): 36 - 41.

[81] YAO Y, FENG Z, CHEN S, et al. Design and fabrication of a road roller with double-frequency composed vibration and its compaction performance[J]. Arabian Journal for Science & Engineering, 2014, 39(12): 9219 - 9225.

[82] YAO Y S, FENG Z X, Li Y W, et al. Study on double-frequency composed vibrating compaction method based on resonance and antifriction principle [J]. Advanced Materials Research, 2012, 402: 742 - 746.

[83] GALLIVAN V L, CHANG G K, HORAN R D. Practical implementation of intelligent compaction technology in hot mix asphalt pavements[J]. Journal of the Association of Asphalt Paving Technologists, 2011, 80: 1 - 32.

[84] KASSEM E, LIU W, SCULLION T, et al. Development of compaction monitoring system for asphalt pavements[J]. Construction & Building Materials, 2015, 96: 334 – 345.

[85] COMMURI S, MAI A T, ZAMAN M. Neural network-based intelligent compaction analyzer for estimating compaction quality of hot asphalt mixes [J]. Journal of Construction Engineering and Management, 2008, 41(2): 634 – 644.

[86] 李宇峙，杨瑞华，邵腊庚，等. 沥青混合料压实特性分析[J]. 公路交通科技，2005，22(3)：28 – 30.

[87] 石鑫，李彦伟，张久鹏. 沥青路面碾压温度场与有效压实时间分析[J]. 公路交通科技，2013，30(6)：17 – 22.

[88] DELGADILLO R, BAHIA H U. Effects of temperature and pressure on hot mixed asphalt compaction: field and laboratory study[J]. Journal of Materials in Civil Engineering, 2008, 20(6): 440 – 448.

[89] SCHMITT R L, JOHNSON C M, BAHIA H U, et al. Effects of temperature and compaction effort on field and lab densification of HMA[J]. Asphalt Paving Technology: Association of Asphalt Paving Technologists-Proceedings of the Technical Sessions, 2009, 78: 171 – 205.

[90] 孙洁. 热拌沥青混合料施工压实过程中温度场变化规律研究[D]. 长沙理工大学，2009.

[91] FAHEEM A F, KAMEL N, BAHIA H U. Compaction and tenderness of hma mixtures: a laboratory study[C]// Transportation Research Board 86th Annual Meeting, 2007.

[92] 侯曙光. 击实温度对沥青混合料参数影响分析[J]. 公路，2006，(11)：158 – 161.

[93] 鲁正兰，袁志平，朱梦良. 温度对沥青混合料空隙率的影响[J]. 公路工程，2004，29(1)：51 – 54.

[94] 叶永. 沥青混合料黏弹塑性本构模型的实验研究[D]. 华中科技大学，2009.

[95] 徐永杰. 热拌沥青混合料拌和质量的控制[J]. 筑路机械与施工机械化，2006，23(6)：20 – 22.

[96] 刘洪海，吴少鹏，玄东兴. 沥青路面碾压离析的试验研究[J]. 武汉理工大学学报(交通科学与工程版)，2004，28(6)：899 – 902.

[97] 羊明. 沥青混合料动态模量研究[D]. 长沙理工大学，2007.

[98]　HU W, JIA X, HUANG B, et al. Evaluation of compactability of asphalt mixture utilizing asphalt vibratory compactor[J]. Construction & Building Materials, 2017, 139: 419 – 429.

[99]　HOU H, WANG T, WU S, et al. Investigation on the pavement performance of asphalt mixture based on predicted dynamic modulus [J]. Construction & Building Materials, 2016, 106: 11 – 17.

[100]　王国安. 沥青混凝土摊铺机高密熨平装置的动力压实机理分析[J]. 工程机械, 1994, (10): 20 – 23.

[101]　PIETZSCH D, POPPY W. Simulation of soil compaction with vibratory rollers[J]. Journal of Terramechanics, 1992, 29(6): 585 – 597.

[102]　黄育进. 高密实度熨平装置的压实原理分析[J]. 筑路机械与施工机械化, 2002, 19(1): 38 – 39.

[103]　JIA J, LIU H. Study on process parameters and control technology of one-step shaping for thin layer paving of polymer concrete[C]// 1st International Conference on Transportation Infrastructure and Materials, 2016.

[104]　BEAINY F, COMMURI S, ZAMAN M, et al. Viscoelastic-plastic model of asphalt-roller interaction [J]. International Journal of Geomechanics, 2013, 13(5): 581 – 594.

[105]　COMMURI S. Phase 1 progress rep for agreement DTFH61 – 08 – G – 0002[D]. Federal Highway Administration, Washington, DC. 2009.

[106]　阚志涛. 振动压路机的压实施工参数与压实工艺研究[D]. 长安大学, 2011.

[107]　刘洪海, 程旭, 程永龙, 等. 聚合物混凝土一次摊铺成型设备匹配与参数优化[J]. 武汉理工大学学报(交通科学与工程版), 2014, 38(5): 969 – 973.

[108]　王宁. 高等级公路沥青路面施工工艺与摊铺设备的关联控制[J]. 公路交通技术, 2012, (2): 40 – 43.

[109]　杨枫. 压实设备与工艺对沥青路面压实度的影响[J]. 交通标准化, 2003, (8): 45 – 48.

[110]　严世榕, 闻邦椿. 振捣器几个参数对摊铺机熨平装置的非线性动力学特性影响分析[J]. 振动与冲击, 2000, 19(3): 26 – 29.

[111]　刘刚, 田晋跃, 肖翀宇, 等. 摊铺机熨平装置动态特性仿真[J]. 农业机械学报, 2005, 36(11): 34 – 37.

[112] 罗文军,罗天洪,甘信富. 多功能摊铺机振捣熨平装置动力学仿真[J]. 重庆大学学报,2012,35(5):22-28.

[113] 许庆. 摊铺机振捣机构的运动学分析[J]. 筑路机械与施工机械化,2006,23(3):15-19.

[114] 孙健. 摊铺机振捣器动力学特性分析[J]. 机械设计,2015,32(12):83-86.

[115] 林宇亮,杨果林. 不同压实度路堤边坡的地震残余变形特性[J]. 中南大学学报(自然科学版),2012,43(9):312-319.

[116] 田晋跃,刘刚,肖翀宇,等. 摊铺机压实装置的振动特性[J]. 中国工程机械学报,2004,2(2):201-205.

[117] 罗丹,冯忠绪,王晓云. 沥青摊铺机熨平装置动力学仿真及试验研究[J]. 广西大学学报(自然科学版),2011,36(5):729-734.

[118] 罗丹,冯忠绪,王晓云. 基于刚柔耦合的摊铺机熨平装置横向振幅不均匀性研究[J]. 机械科学与技术,2012,31(8):1290-1294.

[119] LIU H H, RAN Y, WU S P. Reducing the compaction segregation of hot mix asphalt [J]. Journal of Wuhan University of Technology (Materials Science Edition), 2007, 22(1):132-135.

[120] PATRICK G L. Asphalt pavements practical guide to design, production and maintenance for engineers and architects [M]. London: Spon Press, 2003.

[121] ANDEREGG R, KAUFMANN K. Compaction monitoring using intelligent soil compactors[J]. American Society of Civil Engineers, 2006, 187:1-6.

[122] IMRAN S A, BEAINY F, COMMURI S, et al. Dynamical model of asphalt-roller interaction during compaction [C]// International Conference on Informatics in Control, Automation and Robotics. IEEE, 2015:559-567.

[123] WERSÄLL C, NORDFELT I, LARSSON S. Resonant roller compaction of gravel in full-scale tests[J]. Transportation Geotechnics, 2018, 14:93-97.

[124] WERSÄLL C, NORDFELT I, LARSSON S. Soil compaction by vibratory roller with variable frequency[J]. Géotechnique, 2017, 67(3):272-278.

[125] MASSARSCH K R. Recent developments in vibratory driving and soil

compaction[C]// Bolivia, 3rd Bolivian International Conference on Deep Foundation, 2017: 1 – 5.

[126] 姚运仕, 肖刚, 董秀辉, 等. 双频合成振动压实试验研究[J]. 中国公路学报, 2006, 19(1): 122 – 126.

[127] YAO B, CHENG G, WANG X, et al. Linear viscoelastic behaviour of thermosetting epoxy asphalt concrete – experiments and modeling [J]. Construction & Building Materials, 2013, 48(11): 540 – 547.

[128] HORAN R D, CHANG G K, XU Q, et al. Improving quality control of hot-mix asphalt paving with intelligent compaction technology[J]. Transportation Research Record Journal of the Transportation Research Board, 2012, 2268(-1): 82 – 91.

[129] XU Q, SOLAIMANIAN M. Modelling linear viscoelastic properties of asphalt concrete by the Huet-Sayegh model [J]. International Journal of Pavement Engineering, 2009, 10(6): 401 – 422.

[130] HWANG J H, TU T Y. Ground vibration due to dynamic compaction [J]. Soil Dynamics & Earthquake Engineering, 2006, 26(5): 337 – 346.

[131] CUNNINGHAM J C, WINSTEAD D, ZAVALIANGOS A. Understanding variation in roller compaction through finite element-based process modeling [J]. Computers & Chemical Engineering, 2010, 34(7): 1058 – 1071.

[132] LI J, ZHANG Z, XU H, et al. Dynamic characteristics of the vibratory roller test-bed vibration isolation system: simulation and experiment[J]. Journal of Terramechanics, 2014, 56: 139 – 156.

[133] 严世榕, 闻邦椿, 宫照民, 等. 摊铺机熨平装置的一种非线性动力学理论研究[J]. 中国公路学报, 2000, 13(3): 123 – 126.

[134] LUO T, GAN X, LUO W. Nonlinear dynamics simulation of compacting mechanism with double-eccentric vibrator of asphalt-paver[C]// International Conference on Intelligent Computation Technology and Automation. IEEE Computer Society, 2010: 800 – 803.

[135] 李民孝. 薄层罩面技术及设备[J]. 建设机械技术与管理. 2009, (10): 84 – 87.

[136] 马建, 赵祥模, 贺拴海, 等. 路面检测技术综述[J]. 交通运输工程学报, 2017, 17(5): 121 – 137.

[137] 武银君. 压实度实时检测技术应用研究[J]. 筑路机械与施工机械化,

2013，30(3)：27-31.

[138] 付玉，吴少鹏，邱健，等.无核密度仪在沥青路面压实度检测中的应用[J].武汉理工大学学报，2007，29(9)：22-23.

[139] 王兆仑，栗威.无核密度仪在机场沥青道面面层检测中的应用研究[J].中外公路，2014，34(1)：86-90.

[140] 彭余华，习红军，李芳芳，等.无核密度仪在沥青路面密度测定中的应用[J].筑路机械与施工机械化，2008，25(6)：47-50.

[141] 郭大进，孙建华，王迪昀，等.无核密度仪在沥青面层压实度检测中的应用[J].公路交通科技，2007，(6)：50-52.

[142] 申来明，马庆伟.路面抗滑指标现场检测方法及频率研究[J].公路交通科技(应用技术版)，2013，9(11)：53-56.

[143] 徐文斌.高速公路路面平整度检测控制技术[J].公路，2014，59(9)：150-151.

[144] 李战慧，何志勇，毛昆立，等.沥青混合料摊铺机构造与拆装维修[M].北京：化学工业出版社，2012.

[145] WANG J H, TU T Y. Ground vibration due to dynamic compaction[J]. Soil Dynamics & Earthquake Engineering, 2006, 26(5): 337-346.

[146] 许庆，孙健.摊铺机振捣机构压实机理与结构分析[J].筑路机械与施工机械化，2006，23(1)：15-17.

[147] HORAN. Improving quantity control of hot-mix asphalt paving with intelligent compaction technology [J]. Transportation Research Record, 2012, 518(2268): 82-91.

[148] KENNEALLY B, MUSIMBI O M, WANG J, et al. Finite element analysis of vibratory roller response on layered soil systems [J]. Computers & Geotechnics, 2015, 67: 73-82.

[149] 杨东来，孙祖望，陈飙，等.振荡压实与振动压实压实效果对比试验研究[J].中国工程机械学报，2005，3(1)：118-123.

[150] 沈培辉，林述温.国内外振动压实系统的动力学模型及展望[J].工程机械，2007，38(9)：30-32.

[151] 陈忠达，李万鹏.风积沙振动参数及振动压实机理[J].长安大学学报(自然科学版)，2007，27(1)：1-6.

[152] 杨士敏.工程机械地面力学与作业理论[M].北京：人民交通出版社，2010.

[153] 延西利，陈四来，安舒文，等.温拌沥青混合料的压实特性与难易系数

[J]. 交通运输工程学报，2017，17(1)：11 – 19.

[154]　PEI J, BI Y, ZHANG J, et al. Impacts of aggregate geometrical features on the rheological properties of asphalt mixtures during compaction and service stage[J]. Construction & Building Materials, 2016, 126：165 – 171.

[155]　CUNLIFFE C, MEHTA Y A, Cleary D, et al. Impact of dynamic loading on backcalculated stiffness of rigid airfield pavements [J]. International Journal of Pavement Engineering, 2015, 17(6)：489 – 502.

[156]　SEO J W, KIM S I, CHOI J S, et al. Evaluation of layer properties of flexible pavement using a pseudo-static analysis procedure of Falling Weight Deflectometer[J]. Construction & Building Materials, 2009, 23(10)：3206 – 3213.

[157]　中国公路学报编辑部. 中国筑路机械学术研究综述 2018[J]. 中国公路学报，2018，31(6)：1 – 164.

[158]　董刚. 沥青混合料压实特性与压实工艺研究[D]. 长安大学，2010.

[159]　ZHANG Z, HUANG S, ZHANG K. Accurate detection method for compaction uniformity of asphalt pavement [J]. Construction & Building Materials, 2017, 145：88 – 97.

[160]　李利利. 热态沥青混合料压实特性及碾压工艺研究[D]. 长安大学，2012.

[161]　彭余华，习红军，李芳芳，等. 无核密度仪在沥青路面密度测定中的应用[J]. 筑路机械与施工机械化，2008，(6)：47 – 50.

[162]　ARNOLD M, HERLE I. Comparison of vibrocompaction methods by numerical simulations [J]. International Journal for Numerical & Analytical Methods in Geomechanics, 2009, 33(16)：1823 – 1838.

[163]　WERSÄLL C, NORDFELT I, LARSSON S. Resonant roller compaction of gravel in full-scale tests[J]. Transportation Geotechnics, 2018, 14：93 – 97.

[164]　HU W. Evaluation of compactability of asphalt mixture utilizing asphalt vibratory compactor[J]. Construction and Building Materials, 2017, 139：419 – 429.

[165]　贾洁，万一品，刘洪海. 基于多目标遗传算法的振动熨平装置压实系统参数优化[J]. 振动与冲击，2017，36(12)：230 – 235.

[166]　刘军营，姚晓光，罗要飞. 基于正交试验的纤维微表处路用性能研究[J]. 铁道科学与工程学报，2016，13(1)：82 – 88.

[167] GAO X S, ZHANG Y D, ZHANG H W, et al. Effects of machine tool configuration on its dynamics based on orthogonal experiment method[J]. Chinese Journal of Aeronautics, 2012, 25(2): 285 – 291.

[168] 普罗克斯(著), 方艳梅(译). 数字信号处理原理、算法与应用(第四版)[M]. 北京: 电子工业出版社, 2016.

[169] LIU H H, JIA J. Effect of material feed rate on sieving performance of vibrating screen for batch asphalt mixing equipment[J]. Powder Technology, 2018, 338: 898 – 904. (SCI Q1 区 IF＝3.230).

[170] JIA J, LIU H H. Study on process parameters and control technology of one-step shaping for thin layer paving of polymer concrete, 1st International Conference on Transportation Infrastructure and Materials, Xi'an, China, 2016.7.16.

[171] 贾洁, 刘洪海. 摊铺机熨平装置冲击与振动耦合压实特性研究[J]. 振动与冲击. 2018, 37(16): 91 – 97.

[172] 贾洁, 刘洪海. 基于多目标遗传算法的振动熨平装置压实系统参数优化[J]. 振动与冲击, 2017, 36(12): 230 – 235.

[173] 刘洪海, 贾洁. 摊铺机熨平装置对混合料振实特性的影响研究[J]. 中国公路学报, 2016, 29(07): 152 – 158.

[174] 贾洁, 刘洪海. 基于正交试验的摊铺机振捣压实性能影响分析[J]. 铁道科学与工程学报, 2018, 15(05): 1310 – 1317.

[175] 中国公路学报编辑部. 中国筑路机械学术研究综述 2018[J]. 中国公路学报, 2018, 31(6): 1 – 164.

[176] JIA J, LIU H H, WAN Y P, et al. Evaluation of compaction uniformity of the paving layer based on transverse and longitudinal measurements[J]. International Journal of Pavement Engineering, 2021, 22(02): 257 – 269.

[177] JIA J, LIU H H, WAN Y P, et al. Impact of vibration compaction on the paving density and transverse uniformity of hot paving layer[J]. International Journal of Pavement Engineering, 2020, 21(03): 289 – 303.

[178] JIA J, LIU H H, WAN Y P. Dynamic characteristics modelling of the tamper-asphalt mixture interaction: Application to predict asphalt mat density[J]. International Journal of Pavement Engineering, 2019, 20(05): 530 – 543.

[179] WAN Y P, JIA J. Nonlinear dynamics of asphalt-screed interaction

during compaction: Application to improving paving density [J].
Construction and Building Materials, 2019, 202: 363 - 373.

[180] LIU H H, JIA J, LIU N Y Z, et al. Influence of the mixing time on
the anti-freezing performance of chloride-based asphalt mixtures[J].
Construction and Building Materials, 2019, 213: 637 - 642.